T0169774

La philosophie est une réflexion pour qui toute matière étrangère est bonne, et nous dirions volontiers pour qui toute bonne matière doit être étrangère.

Georges Canguilhem

chose et medium

dans la même collection

Pierre Cassou-Noguès, *Une Histoire de machines, de vampires et de fous*, 2007.

Guillaume le Blanc, *Les Maladies de l'homme normal*, 2007.

Jean-Michel Salanskis, *Territoires du sens*, 2007.

Alexandru Dragomir, *Banalités métaphysiques*, 2008.

Mauro Carbone, *Proust et les idées sensibles*, 2008.

Olivier Schefer, *Variations nocturnes*, 2008.

Alexandru Dragomir, *Cahiers du temps*, 2010.

Christophe Genin, *Kitsch dans l'âme*, 2010.

Roberto Diodato, *Esthétique du virtuel*, 2011.

Mauro Carbone, *La Chair des images : Merleau-Ponty entre peinture et cinéma*, 2011.

Michel Malherbe, *D'un pas de philosophe en montagne*, 2012.

Pietro Montani, *Bioesthétique. Sens commun, technique et art à l'âge de la globalisation*, 2013.

Jean-Philippe Pierron, *Mythopées. Un portrait de la modernité tardive*, 2014.

Marc Berdet, *Chiffonnier de Paris. Walter Benjamin et les fantasmagories*, 2015.

Michael J. Sandel, *Contre la perfection. L'éthique à l'âge du génie génétique*, 2016.

Andrea Pinotti, *L'empathie. Histoire d'une idée de Platon au posthumain*, 2016.

Fritz HEIDER

chose et medium

Introduit et traduit par Emmanuel Alloa

*Livre traduit avec le concours
du Centre national du livre*

VRIN
Matière Étrangère

Titre original : *Ding und Medium*,
© Fritz Heider Estate. Translated with permission

Directeurs de collection :
Bruce Bégout et Étienne Bimbenet

En application du Code de la Propriété Intellectuelle et notamment de ses articles
L. 122-4, L. 122-5 et L. 335-2, toute représentation ou reproduction intégrale ou
partielle faite sans le consentement de l'auteur ou de ses ayants droit ou ayants cause
est illicite. Une telle représentation ou reproduction constituerait un délit de contre-
façon, puni de deux ans d'emprisonnement et de 150 000 euros d'amende. Ne sont
autorisées que les copies ou reproductions strictement réservées à l'usage privé du
copiste et non destinées à une utilisation collective, ainsi que les analyses et courtes
citations, sous réserve que soient indiqués clairement le nom de l'auteur et la source.

© Librairie Philosophique J. VRIN, 2017
Imprimé en France
ISSN 1961-8336
ISBN 978-2-7116-2772-1
www.vrin.fr

introduction
au milieu des choses :
une petite phénoménologie des médias

Peu importe où et quand nous commençons : nous sommes déjà au milieu des choses
Ludwik Fleck

la grande inconnue

L'usage veut que nous associions l'inconnu au lointain : est inconnu ce qui se situe au-delà des frontières, dans des domaines distants ou des territoires reculés dont on n'a que des connaissances très relatives et à demi imaginaires. Est familier au contraire tout ce qui est à proximité, toutes ces choses qui nous entourent, tout ce petit monde qui nous environne et que l'on connaît intimement pour l'avoir battu à maintes reprises. Cette partition qui installe l'inconnu dans la distance et le connu à proximité s'appuie sur un préjugé qui a la peau dure : à l'en croire, ce que nous savons de ce qui nous entoure proviendrait d'une connaissance directe, en première personne, tandis que ce qui est lointain nous échapperait en raison de son caractère médiat, qui nous impose de faire appel à des informations fournies par d'autres. Mais d'où tirons-nous au juste cette assurance ? Qu'est-ce qui nous permet d'être si sûrs de connaître ce qui est proche ? Ne faut-il pas faire au contraire la gageure de penser avec Nietzsche que la plus grande distance est celle entre nous et ce que nous retenons familier ?

Car de fait, ce qui est excessivement rapproché ne remplit pas les réquisits de l'objectivité : difficile de disposer de l'effet de champ nécessaire vis-à-vis de ce qui est accolé à l'objectif. De plus, la sacro-sainte immédiateté – ce label de qualité dont nous affublons notre expérience rapprochée – se révèle être incertaine, une fois qu'on prendra le temps d'analyser comment se structure notre vécu quotidien. Où sont-ils, tous ces objets autour de nous que nous sentons, percevons, manipulons « directement », comme on dit ? Dans toute expérience dite immédiate, nous sommes irrémédiablement déjà entraînés ailleurs, plus loin qu'au lieu où nous sommes. Ce n'est pas l'air qui vibre que nous percevons, mais le sifflement de la bouilloire en cuisine qui nous indique que l'eau a atteint le point d'ébullition. Nous ne lisons pas des lettres imprimées sur une page, mais un roman ; nous ne regardons pas l'écran au fond de la salle de cinéma, mais un film. Pas plus que nous n'écoutons des fréquences hertziennes, mais bien une sonate, nous n'échangeons pas avec autrui des contenus neuronaux, mais quelques mots au cours d'une conversation.

Tout cela est loin d'être banal. Car cela en dit long sur le caractère transitif de notre expérience : faire une expérience, c'est donc la plupart du temps faire l'expérience de quelque chose. Mais autant il est aisé d'arriver aux objets de l'expérience, et aux conditions que ceux-ci réclament (en premier lieu, le fait d'être autonomes et détachés, d'exister donc *au-delà* de leurs spectateurs), autant on est bien moins diserts sur ce que l'on pourrait appeler les *expédients* de l'expérience, autrement dit sur tout ce sur quoi on passe (et par quoi on passe) pour parvenir à ces objets. Car justement, les objets de l'expérience, pour autant qu'ils soient objets d'expérience, ne peuvent pas être complètement isolés, dans une sorte de non-lieu hors de tout ; ils doivent au contraire se situer dans un champ élémentaire qu'ils partagent avec les sujets qui en font l'expérience. Or ce champ élémentaire sur fond duquel se détachent ces objets – ou plutôt : ces champs, car ils sont évidemment nombreux – ne sont pas à leur tour des objets. Milieux expérientiels, ils échappent au contraire à l'objectivation, pour garder leur caractère transitif. Ce n'est pas l'air que nous entendons, c'est à travers l'air. Ce n'est pas la vitre que nous regardons, mais bien *à travers celle-ci*.

Que faire de ce constat ? La plupart du temps, ces milieux perceptifs sont indéniablement transparents. Transparents non pas au sens où notre esprit les aurait intégralement appréhendés, mais au contraire au sens où notre regard les traverse sans les voir. Il y a une banalité du milieu, serait-on tenté de dire, si dans la banalité on entend tout ce qui a perdu son caractère de surprise : le milieu se fait discret, il se fond dans le décor, un peu comme on parle de véhicules de police « banalisés ».

Mais si la transparence est la norme, il y a bien sûr des cas où le regard cesse d'être traversant. Une telle perturbation de la transitivité peut être d'ordre *technique*, dans le cas d'une panne par exemple : on n'a jamais autant prêté attention à l'appareil télé qu'au moment où la transmission en direct s'interrompt et l'écran se brouille, un peu à l'image du souci dont fait soudain objet la clé qui jusque-là ouvrait sans mal la porte et qui refuse, sans raison apparente, de faire son travail.

Mais la transparence du medium s'opacifie également dans d'autres cas de figure, qu'on pourrait qualifier de *pathologiques*. Fixer du regard la surface, c'est manquer qu'il s'agit d'une opération signifiante qui requiert de la perspicacité, donc littéralement, la capacité de voir à travers. Un chien à qui on indiquera du doigt à quel endroit se trouve la balle fixera la main et non la direction qu'elle indique. Pour un humain en revanche, une attitude analogue passera sans doute plus mal, car on soupçonnera celui-ci de confondre le signifiant et le signifié. (Se fixer sur le visage de quelqu'un plutôt que d'essayer de comprendre ce que celui-ci veut signifier, c'est une attitude qui passera, au mieux, pour malpolie et, au pire, pour maladive.)

Mais quand bien même il nous arriverait donc de prêter attention à l'intermédiaire, dans certaines conditions d'ordre technique ou pathologique (et il faudrait ajouter également les conditions d'ordre esthétique), cela confirme pourtant que le cas de figure normal est donc effectivement celui-là : nous ne voyons pas que, avant même d'être entouré d'objets, nous sommes enveloppés dans des milieux, eux-mêmes largement imperceptibles, qui nous donnent accès à ceux-ci.

Nous ignorons à peu près tout de ce qui nous est le plus proche – c'est là une des grandes intuitions de Fritz Heider.

l'hypothèque objectivante

Pour Heider, notre pensée est grevée par ce que l'on pourrait qualifier d'hypothèque objectivante : nous attribuons aux choses et aux personnes ce qui relève en vérité du milieu dans lesquelles elles apparaissent. Le milieu échappe au savoir traditionnel, en vertu de la loi que l'on ignore ce dans quoi on baigne. (Comme ce qui permet le contraste des choses, le milieu manqué lui-même de contraste. C'est ce que soulignerait aussi, un peu plus tard, le grand Marshall McLuhan : « La seule chose dont les poissons ne savent absolument rien, c'est l'eau, puisqu'ils n'ont aucun anti-environnement qui leur permettrait de percevoir l'élément dans lequel ils vivent.[1] »)

Une théorie générale du milieu fait donc défaut. L'une des explications pour cette ignorance est que la façon dont nous concevons le savoir est d'ordre foncièrement objectal : pour qu'une chose puisse faire l'objet de connaissance, il faut qu'elle puisse se présenter comme *ob-jet*, qu'elle soit donc dans une position d'opposition frontale, sur le mode du *Gegen-Stand* comme on dit en allemand, sur le mode de ce qui se « tient face » à nous. Or justement, on n'est jamais face à un milieu. Comme nous ne prêtons pas attention, la plupart du temps, à l'efficace du medium, la même chose peut finir par apparaître, sous un jour complètement différent, comme une *autre* chose.

Prenons des effets d'éclairage. Sous l'effet d'une lumière jaune, un mur blanc pourra paraître jaune. Ce qui soulève alors la question, si souvent répétée par les philosophes sceptiques, sur ce qui nous permet de soutenir qu'en réalité, le mur n'est pas jaune mais blanc. Si une simple variation lumineuse modifie déjà foncièrement la nature sensible de la chose, c'est que peut-être, l'apparence sensible ne relève tout simplement pas de sa nature. A l'âge classique, la réponse consiste alors à dissocier deux types de qualités : les *qualités premières*, consubstantielles de la chose (étendue, solidité, nombre, etc.) et les *qualités secondes* (aussi connues sous le nom latin de *qualia*) qui relèvent de son apparaître sensible. Au lieu d'y voir des qualités relevant de l'objet, on ferait mieux d'y voir des propriétés conférées par l'esprit de celui qui les regarde. Dans le contexte des *Méditations*

---

1. M. McLuhan, *War and Peace in the Global Village*, in M. McLuhan, Q. Fiore, J. Agel (eds.), New York, McGraw-Hill, 1968, p. 175 (nous traduisons).

métaphysiques, Descartes considérera à ce titre que « les couleurs, les odeurs, les saveurs, et autres choses semblables » ne sont « rien que des sentiments qui n'ont aucune existence hors de ma pensée [1] ». Outre l'ordre des objets connus et des sujets connaissants, aucun tiers élément n'est envisagé.

Dans les années 1920 et 1930, un certain nombre d'auteurs a proposé de prendre au sérieux l'hypothèse qu'il fallait faire place, au sein de l'ordre du savoir, à ce tiers trop longtemps exclu. Au lieu de considérer que la couleur d'une chose est définie soit par sa substance réelle soit par l'esprit qui construit sa représentation interne, l'hypothèse que Fritz Heider soutient, avec quelques autres, est que le monde n'est pas peuplé que d'objets (et de la variante d'objets pensants qu'on appelle des sujets), mais que le monde est constitué également de *media* qui déterminent sensiblement son expérience. Ce sont les années où l'éthologue Jacob von Uexküll déploie sa pensée des milieux de vie : le medium, c'est le nom que donne le biologiste à l'environnement structuré de l'animal, avec les densités atmosphériques, la polarité de champ, l'articulation matérielle [2]. Plus tard, le psychiatre et phénoménologue Erwin Straus invoquera le « medium objectif général » de la perception, par opposition à l'espace brouillon des sensations, auquel la même structure fait défaut [3].

On a beau savoir pertinemment que cela n'a aucune incidence réelle sur les choses, mais le simple fait d'enfiler des lunettes de soleil agira comme un coefficient modifiant toutes les valeurs chromatiques. De même, lors d'une marche en montagne où le

---

1. R. Descartes, « Sixièmes réponses aux Objections adressées aux Méditations métaphysiques », dans *Œuvres de Descartes*, t. IX, C. Adam et P. Tannery (éd.), Paris, Vrin, 1996, p. 239.

2. J. von Uexküll, *Milieu animal et milieu humain*, trad. fr. Ch. Martin-Freville, Paris, Rivages, 2010.

3. E. Straus, *Du sens des sens. Contribution à l'étude des fondements de la psychologie*, trad. fr. G. Thinès, J.-P. Legrand, Grenoble, Millon, 2000, p. 375-377.

marcheur serait soudain entouré par une brume épaisse, l'« air » qu'ont les choses devient indissociable de l'air ambiant. Enfin, le medium peut prendre la forme d'une « ambiance » : comme quelque chose qui n'est ni d'ordre psychologique, surgissant du dedans, ni d'ordre objectif, imposé par les choses, l'ambiance est cette atmosphère qui colore l'expérience et lui donne une tonalité toute particulière. On ne perçoit pas une ambiance comme on percevrait un objet : il manque à celle-ci le contour qui nous est familier des choses ; c'est indirectement qu'on la perçoit – on la respire plus qu'on ne la conçoit.

Ces différents registres du medium devront être distingués, et Heider les distinguera. Mais la première étape consiste à se demander s'il y a bien une logique commune qui commande l'ensemble de ces registres. Dans *Chose et medium*, il proposera la définition suivante : *le medium n'est pas une chose, mais ce à travers quoi on peut appréhender des choses*. Après tout, ce n'est que rendre justice à un savoir intuitif : quand on va s'asseoir au soleil, personne ne pensera qu'on va s'asseoir dans l'astre. Cette définition fait de Heider l'un des premiers théoriciens d'une conception élargie du medium (nous y reviendrons). De son propre aveu, pourtant, il s'agit tout d'abord d'intervenir dans un débat théorique – et de le clore – qui agitait la théorie de la connaissance depuis la fin du siècle précédent. En raison de sa nature quelque peu technique, il faut récapituler étape par étape les différents moments de ce débat.

un débat philosophique

Que se passe-t-il, chaque fois que nous percevons ? Hermann von Helmholtz, fondateur de l'optique physiologique moderne qui eut une influence notable sur la psychologie naissante et sur la science de son temps, considérait que *stricto sensu*, nous n'avons jamais de perception des choses, juste des sensations (visuelles, auditives, hallucinatoires, etc.). Quand on pose qu'il y a des objets à l'origine de ce que nous croyons percevoir, cela résulte en fait d'un acte *inférentiel* : à partir de nos sensations, nous attribuons sa cause à un objet externe. Cet inférentialisme fait de la théorie de Helmholtz une théorie représentationnelle : nous ne percevons pas directement un objet sensible, mais notre perception s'appuie sur le truchement indirect de la sensation. La théorie causale-représentationnelle de Helmholtz s'est attiré une série de critiques, notamment celles avancées par Alexius Meinong.

Le philosophe et logicien, connu pour son étrange *Théorie de l'objet* qui fascine aujourd'hui encore les ontologies contemporaines[1], s'est attaqué à la théorie causale-représentationnelle dans un son essai *Sur les bases expérientielles de notre connaissance* de 1906[2]. S'il est vrai que nous inférons la causalité de notre perception sur la base de sensations purement immanentes, dit Meinong, comment se fait-il que cette remontée causale ne soit pas infinie, mais qu'elle s'arrête exactement à mi-parcours, à bonne distance entre quelque chose de trop proche et quelque chose de trop éloigné[3] ? N'est-ce pas une confusion des genres que de vouloir identifier dans l'objet perçu la cause de la perception ? Car après tout, on pourrait remonter indéfiniment la chaîne causale : nous ne percevons le clocher que parce qu'il est illuminé par le soleil, et ne serait-ce pas plus cohérent alors de soutenir que c'est le soleil qui est à l'origine de notre perception. A ce compte, on produirait toutefois une théorie très éloignée du sens commun : « qui affirmerait que quand la pointe du clocher

1. A. Meinong, *Théorie de l'objet* et *Présentation personnelle*, trad. fr. J.-Fr. Courtine, M. de Launay, Paris, Vrin, 1999.

2. A. Meinong, *Über die Erfahrungsgrundlagen unseres Wissens*, Berlin, Springer, 1906, p. 107.

3. *Ibid.*, p. 108 (nous traduisons).

miroitant au soleil nous envoie ses rayons dans les yeux, c'est le soleil lui-même que l'on voit? [1] »

Face à ce problème, il y a deux réponses théoriques possibles : la première, ce serait la réponse du *sensualisme*. Elle consiste à dire qu'il n'y a pas de choses dans le monde, mais seulement des *sense-data* et que si nous pensons qu'il y a des choses, c'est parce que nous projetons des unités compactes là où en réalité, il n'y a que des flux. Mais l'opposition entre le flux et l'unité n'est qu'apparente, puisqu'un tenant d'une théorie des *sense-data* est elle-même atomiste, comme le montre bien l'influente position d'Ernst Mach, qui dominera les débats à Vienne (et qui fera même l'objet de la thèse de doctorat du romancier Robert Musil). En refusant l'existence indépendante des objets externes et en ramenant tout aux données sensorielles, loin de fluidifier le monde, l'atomisme d'Ernst Mach renforce en fait l'hypothèque objectiviste, puisque de la grande échelle des objets externes, on passe simplement à l'échelle réduite des données sensorielles élémentaires.

La deuxième réponse théorique possible est celle du *conceptualisme*. Les choses n'existent qu'en vertu d'actes mentaux ou de schèmes conceptuels que l'on projette sur le monde. A ce compte, on ne perçoit de clocher que sur la base d'une construction intellectuelle. On voit bien les limites de cette approche : pourquoi affirmer encore que nous percevons le clocher, alors que de fait, nous ne faisons que le penser (c'est ce que Merleau-Ponty appelait la « pensée de voir »)? Si l'on part au contraire d'une position réaliste – qui est celle de Heider – et que l'on considère que la perception nous donne effectivement accès aux choses elles-mêmes, et non seulement à leurs représentations internes, il faut supposer que les objets sensibles préexistent à leur perception. En revanche, il ne faut pas confondre le fait

---

1. *Ibid.*, (nous traduisons).

que toute perception est enclenchée par des causes et qu'elle est dirigée vers un objet. Les causes et les objets de la perception ne sont pas identiques.

Cette différence est moins palpable dans le cas des perceptions rapprochées, appelées aussi perceptions proximales. Les gouttes de pluies tombant sur la peau semblent être indistinctement la cause et l'objet de notre perception. Mais à considérer les perceptions distales, la disjonction apparaît au grand jour. Cette disjonction sera le point de départ de la thèse que Fritz Heider, étudiant en philosophie à l'université de Graz, rédigera sous la direction de Meinong, en 1920. De celui-ci, dont il aura été le dernier doctorant (Meinong décède encore l'année même), Heider dira plus tard que « de [s]es maîtres, ce fut celui qui eut la plus grande influence » sur lui[1]. La thèse inédite, dans laquelle Heider systématise ce problème et reprend le débat Helmholtz-Meinong, débouche sur le constat que tout l'appareil conceptuel mis en œuvre par les helmholtziens est en fait dispensable[2]. Pourquoi réduire le rapport au monde à l'alternative entre une saisie sensorielle immédiate et une inférence mentale ? Pourquoi est-ce que le fait de dire que la perception distale est médiate impliquerait que ce ne sont plus les choses elles-mêmes que nous percevons, mais leurs représentations ? Ce malentendu résulte du fait que l'on ne tient pas compte du medium perceptif, que Heider contribuera à réhabiliter dans les années successives, tout en préparant sa reconversion de la philosophie à la psychologie.

Quelque temps plus tard en 1926 – il se trouve déjà à Berlin, où il collabore avec Max Wertheimer –, il rédige pour la revue

---

1. R. Reisenzein, I. Mchitarjan, « "The teacher who had the greatest influence on my thinking" : Tracing Meinong's influence on Heider », *Social Psychology*, Vol. 39/3, 2008, p. 141-150.

2. F. Heider, *Zur Subjektivität der Sinnesqualitäten* [*Sur la subjecticité des qualités sensorielles*], thèse de doctorat inédite, Université de Graz, 1920.

Symposium un long article, intitulé *Ding und Medium*, où ce débat épistémologique est récapitulé :

> Il est arrivé à Alexius Meinong d'invoquer, contre la théorie causale, l'argument suivant : en ce moment, je perçois par exemple ce crayon. Il est illuminé par la lampe. Le crayon (ou plutôt : les processus sur le crayon) causent donc les processus au niveau de la rétine et les processus successifs au niveau du cerveau. Un rapport de causalité existe donc, indéniablement. Mais existe-t-il seulement entre le crayon et la rétine ? N'y a-t-il pas, entre le crayon et la rétine, une chaîne ininterrompue de processus qui sont pris, à leur tour, dans autant de rapports de causalité ? Pourquoi ne pas remonter plus loin encore, jusqu'à la lampe, en disant par exemple que c'est la lumière de la lampe qui cause le processus rétinien. Pourquoi est-ce le crayon que je perçois et non pas ce qu'il y a juste devant mon œil ou bien la lampe ? Depuis l'organe sensoriel, une chaîne causale ininterrompue remonte à rebours dans le temps ; ce n'est pourtant qu'en regard de la causation que dans cette chaîne, il n'y a aucun point d'arrêt privilégié, aucun chaînon particulier. [...] Or, c'est bien un élément particulier de la chaîne que notre rencontre notre perception. En relation à la causation, tous les éléments de la chaîne sont égaux, en relation à la perception ils ne le sont pas : dans ce cas, il y a un élément privilégié, c'est l'objet perceptif. (p. 39)

Paradoxalement, c'est justement son souci de réalisme – autrement dit : sa volonté de sauver quelque chose comme l'unité de l'objet perceptif – qui conduira Heider à se détourner de la catégorie d'objet. Au lieu de se fixer, comme l'a fait une bonne partie de l'épistémologie philosophique, sur le problème de la constance perceptive de l'objet, indépendamment de ses modes de donation, il faut comprendre comment opère le medium donnant accès aux objets. L'erreur consiste alors à ne faire des modalités d'apparition que des qualités ultérieures des objets. Pour Aristote, la rougeur ou la pâleur de Socrate n'appartenait pas à sa substance véritable, et n'était qu'accidentelle et donc externe au sujet. Cette conception s'inverse, au début du xxe siècle, quand la plupart des théories considèrent qu'au contraire, les aspects font partie intégrante des étants singuliers. Mais comme le souligne bien Heider, cette inversion crée autant de problèmes qu'elle n'en résout. Car cela suppose à dire que lorsqu'en Méditerranée, sous l'effet du coucher du soleil, l'air s'empourpre et fait que les maisons de chaux blanche apparaissent roses, l'empourprement est un phénomène mille fois répliqué, au niveau des monades singulières, au lieu de comprendre qu'il s'agit d'un effet qui concerne le medium qui les entoure. Cela arrive, dit Heider, « quand les aspects ne sont pas considérés comme de simples médiateurs des objets; en d'autres termes, quand l'aspect, qui inclut un rapport entre une personne et un objet réel, est interprété en tant que propriété de cet objet »[1].

Ce serait pourtant se méprendre si l'on considérait que ce que Heider propose, c'est tout simplement un nouveau découpage, séparant des choses leurs aspects, un peu comme Aristote dissociait le *kat'ousian* et le *kata symbêbêkos*. De fait, il s'agit plutôt d'une reformulation *fonctionnelle* du problème soulevé par Meinong (et repris ensuite par tant d'autres, comme Bertrand Russell notamment[2]) : si nous voyons le clocher et non la lumière qui nous permet de la voir, c'est que par définition, la perception est toujours une perception *de quelque chose*, tandis que le medium de la perception n'est jamais perceptible *en lui-même*; c'est à travers lui que nous percevons[3].

---

1. F. Heider, « The description of the psychological environment », art. cit., p. 306 (nous traduisons).

2. B. Russell, « Review of A. Meinong's *Über die Erfahrungsgrundlagen unseres Wissens* », *Mind* 15, 1906, p. 412-415. La question est ensuite centrale dans l'ouvrage *La connaissance humaine. Sa portée, sa limite*, trad. fr. N. Lavand, Paris, Vrin, 2002.

3. Merleau-Ponty n'est pas loin : « Le reflet n'est pas vu pour lui-même, n'est pas le but de la perception, il est l'auxiliaire, le médiateur de la perception. Il n'est pas vu pour

le medium : une définition fonctionnelle

Dans l'ordre des savoirs, c'est le savoir en première personne qui a été privilégié, ce que les Grecs appelaient l'« autopsia », autrement dit, le fait de voir par soi-même, de ses propres yeux. Les connaissances dérivées, de seconde main, étaient considérées hasardeuses puisqu'invérifiables. Ce privilège conféré au « savoir par soi-même » (accolé au principe du « penser par soi-même ») explique en partie pourquoi dans l'épistémologie traditionnelle, les connaissances médiates ont été longtemps déclassées. Mais encore une fois, ce principe de l'autopsie ne permet pas d'en déduire un principe d'immédiateté : car voir de ses propres yeux, ce n'est pas forcément voir sans médiation.

L'idée qui est à l'origine de *Chose et medium* de Fritz Heider est donc qu'il faut réhabiliter la médiation, surtout dans les cas où elle semblait absente, et cela commence par la perception sensible, emblème s'il en faut d'une saisie immédiate. En ancrant le problème de la médiation au cœur du sensible, celui-ci déploiera une toute autre incidence que si l'on commençait par les appareils technologiques, dont personne ne contestera le caractère médiat. Au lieu de donner une définition substantielle du medium, Heider opte donc pour une définition fonctionnelle, afin de décrire toutes les opérations médiales. Chaque fois qu'une chose est appréhendée à travers une autre, dit Heider, on est en présence d'un medium.

> Par exemple, c'est à travers l'éther que nous percevons des étoiles distantes, c'est par l'air que nous entendons le son d'une cloche, c'est grâce au baromètre que nous sommes informés de la pression

lui-même, il fait voir le reste. Le reflet et l'éclairage ne jouent donc leur rôle que s'ils s'effacent comme des intermédiaires discrets et s'ils conduisent notre regard au lieu de le retenir. » (*Phénoménologie de la perception*, Paris, Gallimard, 1945, p. 357) atmosphérique, par le biais d'un mouvement expressif, nous appréhendons une psychologie, à travers les yeux de quelqu'un, on jette un regard « dans les tréfonds de son âme », à la vue de la graphie de quelqu'un, nous saisissons sa pensée et ainsi de suite. Certes, ces cas de figure sont loin d'être identiques. Ce qui les rassemble, toutefois, c'est qu'à chaque fois, l'objet de la connaissance n'agit pas de façon immédiate sur l'organe sensoriel, mais par une forme ou une autre de truchement. (p. 35)

Il faut donc distinguer radicalement l'ordre des choses et l'ordre du medium : tandis qu'on réservera le nom de chose à tout ce qui apparaît pour lui-même, on appellera medium tout ce qui fait apparaître les choses et transmet des informations à leur sujet. La proposition était forte.

Pour des raisons personnelles, Fritz Heider délaissera ces problématiques. En 1927, il s'installe à Hambourg comme assistant de William Stern, connu pour ses travaux pionniers sur la psychologie développementale. Peu de temps plus tard déjà, en 1930, il émigre aux Etats-Unis, où il travaillera avec Kurt Koffka en particulier, autour de problèmes de psychologie de la forme. Passant d'institution en institution, Heider enseignera notamment dans un *College* pour sourds-muets. La privation sensorielle est un sujet qui traverse tous ses écrits, et qui a manifestement des raisons autobiographiques : en 1906, en jouant avec un détonateur, sa rétine gauche est abîmée, et il finira par perdre la vue sur cet œil. Par ailleurs, Heider pratique l'auto-expérimentation : comme il le relate dans son autobiographie, adolescent, il s'était couché au fond d'une grotte près de Graz pendant une durée de douze heures, pour observer quels effets une telle privation de lumière aurait sur sa perception [1]. Au Smith College, dans le Massachussetts, où il enseigne par la

1. F. Heider, *The Life of a Psychologist. An Autobiography*, Lawrence, University of Kansas Press, 1983, p. 30.

suite, il exercera une influence majeure sur James J. Gibson, le concepteur de l'écologie de la perception. En 1944, avec son épouse, la neuropsychologue Marianne Simmel, il publie un article sur le lien entre perception et comportement apparent (*apparent behavior*), considéré aujourd'hui encore comme l'un des textes fondateurs pour la théorie du *storytelling*. [1] En 1947, Heider s'installe à Lawrence, dans l'Etat du Kansas, où il restera jusqu'à sa mort en 1988, enseignant la psychologie à l'Université du Kansas jusqu'au moment de sa retraite. Dans le secteur de la psychologie, il est considéré aujourd'hui encore comme l'un des principaux instigateurs de la psychologie interpersonnelle – son ouvrage The *Psychology of Interpersonal Relationships* (1958) reste un classique du genre, et nombre de praticiens considèrent aujourd'hui encore qu'il permet d'éclairer le phénomène d'attribution causale qu'on observe dans les rapports intersubjectifs et sociaux.

une réception par chemins de traverse

Dans son autobiographie publiée en 1983, Heider souligne que parmi les accomplissements de sa vie de chercheur, la distinction entre chose et medium demeure à ses yeux l'un des jalons les plus importants [2]. Pourtant, au moment de sa mort, Fritz Heider a été salué comme un pionnier de la psychologie interpersonnelle, mais non certes comme un des pères de la théorie des médias. Comment se fait-il alors que *Ding und Medium*, ce petit texte paru en 1926 dans une revue philosophique éphémère, ait acquis en l'espace de quelques décennies le statut de référence majeure

---

1. F. Heider et M. Simmel, « An Experimental Study of Apparent Behavior », *American Journal of Psychology* 57.2, 1944, p. 243–259.

2. F. Heider, *The Life of a Psychologist*, *op. cit.*, p. 36 *sq. Cf.* également F. Heider, « Autobiography » *in* G. Lindzey (éd), *A history of psychology in autobiography*, Stanford, Stanford University Press, 1989, Vol. VIII, p. 132.

au sein des *media studies* aujourd'hui ? Tentons de fournir quelques éléments de réponse.

Paru initialement dans une revue de philosophie berlinoise [1], *Ding und Medium* connaîtra pour l'essentiel une réception extra-philosophique. Elle jouera très tôt un rôle formateur pour la psychologie d'Egon Brunswik, qui formule en 1934 une théorie des « objets intermédiaires [2] ». Mais c'est surtout au sein de la psychologie américaine qu'on lira ce texte. En 1959, la parution d'une version américaine (« Thing and Medium ») situe d'emblée la problématique du medium dans le contexte de la *common-sense-psychology* [3]. La théorie du medium est alors comparée à la théorie des champs de Kurt Lewin dont Heider avait été proche, à un moment. Ce n'est que dans les années 70-80, avec un certain tournant « écologique » dans les conceptions de l'esprit, qu'on relira Heider un peu différemment. (Le long chapitre dédié au « Medium » dans l'écologie perceptive de James J. Gibson présente à ce titre de nombreuses proximités avec les intuitions de Heider, son interlocuteur au Smith College, mais qui n'est pourtant jamais cité [4]).

1. Bien que soutenue par des auteurs prestigieux – parmi les éditeurs figurent les noms d'Hermann Weyl, Bertrand Russell, Ernst Cassirer, Max Scheler et José Ortega y Gasset –, la revue *Symposium. Philosophische Zeitschrift für Forschung und Aussprache* publiée à Berlin par l'éditeur Weltkreis ne connaîtra qu'une seule livraison, en 1926-1927. Le numéro s'ouvre par un article programmatique de Hermann Weyl sur le problème du continu, et sur la question si des appareils techniques sont en mesure d'affronter des phénomènes continus.

2. E. Brunswik, *Wahrnehmung und Gegenstandswelt*, [*Perception et le monde des objets*], Leipzig et Vienne, Editions Deuticke, 1934.

3. F. Heider, « Thing and medium », *in* F. Heider, *On perception, event-structure and psychological environment. Selected papers*, G. Klein (ed.), New York, International Universities Press 1959, p. 1-34.

4. J. J. Gibson, *Approche écologique de la perception visuelle* [*The Ecological Approach to Visual Perception*], trad. fr. O. Putois, postface Cl. Romano, Paris, Éditions Dehors, 2014.

La véritable renaissance de Heider aura lieu ailleurs, cependant, non pas en psychologie, mais dans les sciences sociales. Il n'est sans doute pas exagéré de dire que c'est à Niklas Luhmann que *Ding und Medium* doit sa grande redécouverte. Si ce juriste de formation et élève du sociologue américain Talcott Parsons reste encore toujours méconnu en France, Luhmann a marqué durablement les sciences sociales allemandes des années 1970, 80 et 90, et il a également accompagné, quoique plus indirectement, l'émergence des sciences de la communication et des médias. La « théorie des systèmes » de Luhmann, qui n'ambitionne rien de moins que de fournir l'outillage pour une théorie générale du sens, réactualisera la conception de Heider sur un point crucial. Pour Luhmann, il s'agit de se débarrasser de l'héritage métaphysique qui pèse sur la notion de sens : quand on veut scinder la « lettre » et l'« esprit de la lettre », on répète indéfiniment le dualisme entre forme et matière. Au lieu de lui opposer une sorte de monisme neutre, Luhmann défend la nécessité d'une position différentialiste, qui repose pourtant cette fois non plus sur des propriétés, mais qui résulte d'une opération de différentiation. La solution du problème lui est notamment venue, soutient-il, de la lecture de Husserl et de Heider : à Husserl, il emprunte l'idée que toute propriété n'est jamais que le résultat d'un acte, à Heider, celle que le sens d'un objet doit être pensé à partir des opérations médiales qui le constituent. En ce sens, toute chose peut devenir medium et inversement, selon sa fonction : contre toute attente, le couteau sur la table peut devenir un medium optique, chaque fois que pour un bref instant, la lumière du soleil s'y reflète et le fait miroiter. Mais pour que quelque chose puisse prendre la forme d'une autre, il faut donc que le couplage des éléments soit suffisamment « léger » ou encore « lâche » (au sens du *loose coupling* dont parle la théorie de la communication) pour pouvoir être « déformé », et transmettre donc la forme d'une chose [1].

Si la chose n'est alors plus rien d'autre qu'un « couplage étroit », observable en tant que tel, pourquoi ne pas lui préférer directement le concept de « forme », s'interroge Luhmann. Si le medium est alors une matrice suffisamment indéterminée pour accueillir de nombreuses formes déterminées, la forme n'est autre que l'actualisation du medium. Luhmann y insiste – entre medium et forme, les inversions sont constantes : le théâtre peut constituer un medium (de cohésion pour la cité par exemple), mais il constitue également une forme, dès lors qu'un autre medium (le cinéma par exemple) peut en faire son objet, dans la documentation d'une mise en scène, pour ne prendre que ce cas particulier [2].

Sous l'influence de la théorie des systèmes, on redécouvrira ainsi *Ding und Medium* de Heider, entre-temps introuvable, et il fera vite office de classique de la théorie des médias, qui se cherche d'autres généalogies, à côté de l'essai de Walter Benjamin sur l'œuvre d'art à l'époque de sa reproductibilité technique ou les écrits sur la radio de Brecht. Repris d'abord dans sous forme abrégée dans une anthologie de théories des médias en 1999, il sera ensuite publié comme ouvrage indépendant en 2005 [3]. Entre-temps, la théorie des médias américaine a également

1. *Cf.* notamment N. Luhmann, *Die Wissenschaft der Gesellschaft*, Francfort, Suhrkamp, 1994, p. 53.

2. Ce n'est pas ici le lieu pour discuter les différences – inconciliables – entre Heider et Luhmann. Contentons-nous d'indiquer que tandis que pour le premier, la structure médiale est une structure du monde, pour le second, le monde lui-même ne résulte que d'une construction sociale.

3. F. Heider, « Ding und Medium » in *Kursbuch Medienkultur. Die maßgeblichen Theorien von Brecht bis Baudrillard*, C. Pias *et al.* (eds.), Stuttgart, DVA, 1999, p. 319-333 ; F. Heider, *Ding und Medium*, édition et préface de D. Baecker, Berlin, Kulturverlag Kadmos, 2005.

redécouvert son importance, avec cette fois la *Medienwissenschaft* allemande dans le rôle de passeur.

usages de Heider

Pourquoi lire *Chose et medium* aujourd'hui ? Pour certains, il s'agit tout simplement de prouver qu'il y a une pensée de ce qu'est un medium avant la déferlante des médias de masse. De fait, Fritz Heider est souvent référencé comme précurseur sombre, comme auteur d'une intuition décisive, mais formulée à un moment où ses contemporains ne pouvaient pas prendre la mesure de sa découverte, si bien que lui-même aurait tenté de la faire coïncider avec un certain corsetage conceptuel de son temps qui rend la lecture parfois malaisée. En lisant *Chose et medium*, il s'agirait donc de montrer qu'il y a une pensée de la médialité avant la théorie des médias de communication.

Tout cela est certes légitime. Mais en faisant de Fritz Heider un Marshall McLuhan avant l'heure, on se borne à ce généalogisme un peu stérile qui rappelle que la radio avait déjà été inventée par Nikola Tesla avant Edison ou encore que l'héliocentrisme avait déjà été établi par Aristarque de Samos, des siècles avant Copernic. Or le tort historique qu'on prétend ainsi réparer se transformera difficilement en « justice », car à quoi mesurerait-on quelque chose de tel ? Est-ce vraiment rendre justice à une œuvre que de lui imposer des catégories postérieures, fût-ce de bonne foi ? Il ne fait pas de doute que Heider ne s'est jamais vu comme un « théoricien des médias », de même qu'on aurait du mal à attribuer à Aristarque de Samos une sorte de conscience visionnaire d'un quelconque tournant copernicien. *Chose et medium* est à situer dans un contexte intellectuel bien précis – nous en avons rappelé les paramètres –, avec un débat sur la nature épistémologique de la perception hérité de Meinong, auquel Heider tente de mettre un terme. Néanmoins, pourquoi s'interdire de penser qu'un texte recèle plus de potentiel que son propre auteur n'y a vu ? Sans prétendre aucunement faire œuvre de réparation, voici en tout cas, en guise de conclusion, quelques pistes possibles sur l'utilité de *Chose et medium* aujourd'hui, pour poursuivre autrement le projet de Heider pour établir un jour une « grammaire de la médiation »[1]. Voici quelques-uns des termes qui pourraient y figurer.

Couplage lâche : Il ne s'agit pas pour Heider de concevoir le rapport des choses au milieu comme un rapport topologique (contenu-contenant) mais comme un rapport opératoire : le milieu n'est pas ce qui est extérieur aux choses, mais ce qui leur confère, en tant qu'intermédiaire, le statut d'*ob-jets* dont on fait l'expérience. Or le milieu ne peut opérer en tant que medium qu'en raison de sa facture relativement élastique et du couplage lâche entre ses éléments, ce qui le différencie des choses en tant qu'objet. « Quand je prends un coin de la chaise et je tire dessus, c'est toute la chaise qui vient vers moi, mais pas les particules de l'air. Il y a, entre les parties de la chaise, une interdépendance qui n'existe pas entre les particules de l'air. » (p. 52-53). La cohésion toute relative des éléments du medium lui confère cette plasticité qui lui permet de se déformer sous l'impact causal des choses dont il transmet la forme, si bien qu'on doit se rendre compte que « l'unité » dont font preuve les médias n'est en réalité qu'une « fausse unité ».

Hétéronomie du medium : Un medium n'a jamais l'initiative des événements qui se produisent en son sein, soutient Heider, car ceux-ci résultent d'un conditionnement externe. Tout medium se situe donc déjà dans le règne de l'*a posteriori*, car il tient son fondement de quelque force extrinsèque. Cette

---

1. F. Heider, *Psychology of interpersonal relations, op. cit.*, p. 35.

dépendance marque l'hétéronomie du medium. Mais non content de dépendre causalement d'autre chose, le medium est également épistémologiquement au service de celle-ci : la forme que prend un medium, on l'a dit, ne constitue qu'en apparence son unité ; il s'agit là d'une fausse unité qui fait signe vers autre chose. En prenant son apparence, le medium renseigne sur ce qu'il n'est pas, et fait œuvre de « transmission ». Tout comme le messager, dont on sait par ailleurs qu'il ne peut pas être tenu pour responsable du message qu'il transmet, le medium est donc subordonné à une mission dont le sens lui échappe.

INVISIBILITÉ MÉDIALE : La plupart du temps, un medium s'acquitte d'autant mieux de sa tâche qu'il se fait oublier dans le processus, qu'il devient invisible. Cette « invisibilisation » n'est pas automatique, mais résulte d'un travail spécifique, d'un oubli actif. Car il y a en effet des formes d'invisibilité fort différentes : un texte écrit à l'encre sympathique reste invisible, quelle que soit la lumière à laquelle on le contemple. On peut parler ici d'une invisibilité qui constitue, dans une certaine mesure, une *propriété de l'objet* et c'est l'objet que l'on devra modifier pour changer son apparence. Il en va tout autrement d'une *invisibilité par camouflage* : ici, on se règle sur les capacités perceptives du spectateur, elle se joue dans la relation qui les relie et elle représente donc avant tout une *propriété du medium*[1].

TRANSPARENCE ET OFFUSCATION : Une des stratégies d'invisibilisation les plus efficaces consiste à habitualiser l'opération du medium. De même que le marcheur oublie l'air dans lequel il évolue et le nageur l'eau qui remplit la piscine, l'outil d'écriture devient une extension du corps et l'opacité de l'écran s'ouvre pour faire place à une fenêtre sur l'ailleurs. La transparence cognitive induit une transparence causale : les effets se présentent comme des faits. La transparence est un gage de fonctionnalité, on le

---

1. *Ibid.*, p. 61.

sait, à l'instar du langage qui ne fait œuvre de communication que quand on ne s'arrête pas sur chacun des mots. De temps à autre, pourtant, il y a ce que Heider appelle l'« offuscation du medium ». Quand la transparence se brouille, cela peut conduire à des expériences de type esthétique (la référentialité se perd au profit d'une attention pour la facture ou le style), mais aussi à des scénarios imprévisibles : pour l'alpiniste ou le marin, le brouillard peut signifier la mort.

PLASTICITÉ ET FIXATION : Bien que ce ne soit pas la vocation de tous les milieux, ceux-ci peuvent faire office de medium cognitif, en transmettant une information. L'exemple favori de Heider c'est la trace laissé par les pas dans le sable ou l'argile. Le medium (dans ce cas le sable ou l'argile) restituera d'autant mieux la forme qu'il présentera un degré de ductilité matérielle importante : « plus le medium sera libre à l'instant où la trace s'imprime en lui, plus la trace sera caractéristique. Le medium épousera d'autant mieux ce qui s'imprime » (p. 73) (Le contre-exemple de Heider, c'est la terre de limon, qui en raison de sa composition caillouteuse gardera moins bien le passage des traces). La plasticité du medium est ce qui admet à la fois la persistance de la forme et la virginité de l'accueil. Mais à un certain niveau, la plasticité du medium qui lui garantit une potentialité quasiment infinie à prendre des formes toujours nouvelles contrevient à l'exigence de transmission. Intervient alors un second principe, celui de la fixation qui préside à de nombreuses techniques de conservation : le moulage des pas, le relevé au charbon, la plaque photographique, etc. La coulée de lave qui a conservé les traces négatives des corps minéralisés de Pompéi ne prendra plus jamais d'autre forme, mais saura préserver la mémoire de celles-ci.

INFLEXIBILITÉ ET INFLÉCHISSEMENT : La capacité de se plier aux formes qui s'impriment en lui suppose donc un certain agencement matériel. C'est précisément en vertu de sa texture, aussi lâche soit-elle, que le medium peut se déformer sous l'action d'une cause externe. Tout medium présente donc une inflexibilité minimale qui témoigne d'une structuration matérielle singulière des éléments qui le composent. A supposer qu'un medium agisse comme un milieu laissant passer la forme, il ne peut faire œuvre de transposition qu'en raison d'une inflexibilité élémentaire qui est le préalable de toute prise de forme. Par cette inflexibilité, le medium donne un infléchissement particulier à ce qu'il transmet; toute transposition suppose une trans-formation. Pour Heider, l'inflexibilité minimale peut se muer en véritable rigidité : c'est le cas des appareils de mesure. Les appareils de mesure (notamment ceux qui supposent un calcul ajoutera-t-on) « ne sont pas des médias au sens ordinaire transmettant tout simplement l'impulsion reçue – cela n'aurait pas grand intérêt. Ils ont au contraire une légalité propre : ils agissent en retour sur ce qui leur arrive, tout en le transposant, ils le transforment. » (p. 72).

LE BRUISSEMENT DU MEDIUM : Entre transparence et offuscation, le medium emprunte parfois d'autres biais pour se faire remarquer. On peut parler d'un « bruissement » des médias. Ce glissement vers un autre registre sensoriel, celui du sonore, est suggéré par Heider lui-même. Sa thèse sur la transparence médiale, il la reformulera plus tard dans les termes d'un « silence » médial. Le medium, dira-t-il, opère sans bruit (*the medium is noiseless*[1]). Il arrive certes que le medium s'affranchisse de son devoir de réserve et sa discrétion habituelle se mue en indiscrétion médiale : l'offuscation optique trouve son corrélat dans le « bruit » (*noise*) généralisé, qui sature par exemple la

---

1. F. Heider, *The Notebooks*, M. Benesh-Weiner (ed.), Vol. 1. : *Methods, Principles and Philosophy of Science*, Munich-Weinheim, Psychologie Verlags Union, 1987, p. 229 : « the medium is noiseless ».

transmission radio. Mais la plupart du temps, entre le bruit assourdissant et le silence effacé, le medium reste perceptible, mais en *pianissimo*, sur le mode du bruissement. « La médiation ne disparaît jamais complètement phénoménalement, quand elle présente l'objet[1]. » En lisant, même si elles ne font pas l'objet de notre « intérêt », nous *voyons* néanmoins les lettres, elles apparaissent et l'on peut même prêter attention à leur figuralité (leurs *figural properties*, dit Heider). Il en va de même quand sur un drapeau qui flotte dans le vent, nous percevons encore l'air qui l'anime, ou bien quand nous apercevons l'ombre sans laquelle l'objet ne se découperait pas avec la même netteté.

L'INSIGNIFIANCE DU MEDIUM : Le son de cloche du campanile nous indique l'heure, mais quand on s'arrêterait un peu trop longtemps sur ses qualités matérielles, on finira par perdre le compte. La qualité matérielle est évidemment insignifiante pour que le campanile remplisse sa fonction (peu importe que le son de cloche résulte d'une cloche réelle ou qu'il soit préenregistré et diffusé par haut-parleurs) ; mais cela n'implique pas qu'elle soit imperceptible pour autant : élément du sensible, elle est la trame sur laquelle émergent les objets, sans être elle-même objet. Nous ne la percevons pas en elle-même, puisqu'elle accompagne pour ainsi dire toutes nos perceptions. Il faut donc voir à travers la matière, et c'est quand cette perspicacité (de *perspicere*, voir-à-travers) réussit, la matière se fait médium. « Les processus médiaux n'ont d'importance que dans la mesure où ils sont attachés à quelque chose d'important – pris en eux-mêmes, généralement ils ne sont "rien". » (p. 61).

Voilà peut-être la conclusion à la fois la plus originale et la plus surprenante de la part de la part de celui que la théorie des médias célèbre comme l'un de ses pionniers. Vouloir à tout

---

1. F. Heider, *Psychology of interpersonal relations*, *op. cit.*, p. 25 (nous traduisons)

prix faire des médias quelque chose de significatif, c'est rater leur fonctionnement : si leurs trafics interfèrent constamment avec l'échange réglé des significations, les médias ne relèvent pas à leur tour de l'ordre des signifiants. Mieux vaut alors s'en tenir à ce constat, qui donne aussi son titre à l'une des sections de *Chose et medium* : « Les processus médiaux sont insignifiants ».

remarque de vocabulaire

L'un des concepts qui revient le plus fréquemment sous plume de Fritz Heider, c'est le concept de *Vermittlung*. Nous avons fait le choix de le traduire parfois par « médiation », mais la plupart du temps, il a été rendu par « transmission » ou bien « transmetteur », puisque Heider utilise le même terme pour parler tantôt d'un processus de médiation ou de truchement, tantôt d'un processus de transposition d'un lieu x vers un lieu y et tantôt encore de l'instance rendant possible cette transmission, autrement dit l'émetteur ou le transmetteur.

Fritz Heider
chose et medium

chose et medium

Ce qui nous entoure, nous l'appréhendons toujours d'une manière ou d'une autre. Or quand on appréhende, tout ce qui nous entoure ne se vaut pas. Nous n'appréhendons pas que des choses qui entrent dans un contact immédiat avec notre épiderme, mais bien souvent, nous appréhendons une chose à travers une autre. C'est à travers l'éther, par exemple, que nous percevons des étoiles distantes, c'est par l'air que nous entendons le son d'une cloche, c'est grâce au baromètre que nous sommes informés de la pression atmosphérique, par le biais d'un mouvement expressif, nous appréhendons une psychologie, à travers les yeux de quelqu'un, on jette un regard « dans les tréfonds de son âme », à la vue de la graphie de quelqu'un, nous saisissons sa pensée et ainsi de suite. Certes, ces cas de figure sont loin d'être identiques. Ce qui les rassemble, toutefois, c'est qu'à chaque fois, l'objet de la connaissance n'agit pas de façon immédiate sur l'organe sensoriel, mais par une forme ou une autre de truchement.

Ce phénomène a bien sûr déjà été remarqué et étudié. Mais on ne l'a toujours étudié que depuis son versant subjectif. Comment se fait-il, s'est-on demandé, qu'à travers quelque chose d'immédiatement donné, nous puissions appréhender autre chose? Et voilà qu'on a analysé les processus psychiques pour comprendre comment des éléments, des sensations, peuvent

émerger des représentations ou encore comment du phéno-
ménal naît le nouménal. Il s'agirait, toujours selon ces analyses,
de processus représentationnels, de formations mentales, de
synthèses et autres.

A force de se concentrer sur ce versant subjectif, on en a
complètement délaissé le versant objectif. On ne s'est jamais
demandé si ce par quoi s'opère la connaissance n'a pas, du
point de vue purement physique, une autre signification que
l'objet de la connaissance. Les vibrations de l'air par exemple
seront alors des médiations de la connaissance, tandis que le tic-
tac de ma montre constituera l'objet. Est-ce que les deux sont
interchangeables, pourrait-on tout simplement renverser leurs
rôles quant à la connaissance? Ou alors est-ce que l'un des deux
n'est médium qu'en vertu de sa proximité avec mon oreille, alors
que l'autre en est plus éloigné? Ne faut-il pas envisager que dans
la structure physique elle-même – et donc en dehors de toute
relation à un sujet précis – il y ait déjà certaines différences qui
destinent certaines choses à servir plutôt de médium et d'autres
à être plutôt des choses?

Le monde extérieur possède-t-il donc une structure qui
détermine la connaissance et quelle en est la fabrique?

Dans la mesure où nous verrons qu'une telle structure est
effectivement présente dans le domaine objectif, la réponse à
ces questions semble devoir nous entraîner vers une tentative
ultérieure, qui est celle consistant à dériver de cette structure du
monde extérieur les modalités de la connaissance du sujet et de
tenter de les rendre intelligibles, du moins en partie.

la perception à distance

Les exemples ci-dessus ont ceci en commun qu'ils relèvent
tous d'une médiation; toutefois, la modalité selon laquelle
la médiation s'opère diffère sensiblement selon les cas. Les

vibrations de l'air qui transmettent le tic-tac de la montre n'ont pas la même valeur que le baromètre qui nous informe de la hauteur de la pression atmosphérique. Le baromètre est quelque chose à part, dans le processus cognitif, il apparaît comme quelque chose à part entière. Les vibrations de l'air en revanche ne font pas l'objet d'une représentation psychique, elles disparaissent dans la médiation, si bien que nous sommes convaincus d'entendre le tic-tac de façon immédiate. Il ne nous vient pas à l'esprit qu'ici aussi, une médiation a lieu. Il en va de même pour les rayons lumineux. Nous ne voyons guère les rayons lumineux qui atteignent notre œil et qui nous renvoient à autre chose ; nous voyons la chose elle-même, immédiatement.

Dans ces cas de perception à distance, la différence entre la médiation et le médié se manifeste avec le plus de netteté, ici, la médiation est parachevée. Commençons donc par l'analyse de ces cas de figure.

problèmes de la perception à distance

A travers l'espace, notre regard va rejoindre les étoiles et nous entendons des événements qui se déroulent loin de notre oreille. Par habitude, nous considérons que cela va de soi et nous ne mettons pas en relation cet état de fait avec autre chose ; la quotidienneté lui ôte son caractère étonnant, tout ce qui suscite réflexion.

Afin de pouvoir percevoir ce fait étonnant dans toute sa clarté et sa vivacité, il faudra que nous considérions l'habituel sous un angle inhabituel. Imaginons que le monde soit traversé par des événements qui s'interpénètrent, un réseau de processus de causalité, mouvants et versatiles. Un être pensant aurait connaissance des processus qui ont pour théâtre une infime région de ce réseau et cet être pensant aurait pour tâche d'extrapoler, à partir des processus de cette région, tout ce qui se trouve dans l'entourage proche et lointain de cette région, quelles sont les choses qui se tiennent à proximité et quels sont les événements qui s'y trament. Cette tâche, dont la résolution semble presque impossible, c'est pourtant bien la tâche dont s'acquittent nos organes sensoriels. Nos organes sensoriels ont connaissance des processus qui ont lieu dans un domaine fort restreint, à savoir là où ces processus agissent directement sur eux et leur transmettent des informations concernant des domaines parfois fort éloignés.

Toute personne ayant marché pendant des heures dans un brouillard épais, avant que soudain le soleil ne vienne le percer, ouvrant la vue sur tout le paysage, sait parfaitement ce que cela signifie de vivre dans un monde vaste ou dans un monde restreint. Cela permet de comprendre à quel point cette pénétration perceptive du monde est étonnante. Comment se fait-il que le domaine de notre perception ne s'arrête pas à notre peau ? Que notre connaissance du monde ne soit pas bornée à une toute petite région restreinte, mais que nous vivons dans un monde qui est vaste ?

causation et perception à distance

Concernant la possibilité d'une perception à distance, la première réponse qui vient à l'esprit est la suivante : nous voyons et nous entendons des choses distantes, parce que celles-ci agissent à distance sur nos organes sensoriels.

Mais est-ce que cette théorie causale de la perception à distance – nommons-la ainsi, pour aller vite – fournit vraiment une réponse satisfaisante à notre question ? Passons pour l'instant sur le fait que, si l'on peut percevoir des choses, les choses ne sont pas, d'après la conception théorique-scientifique, des causes, mais des processus. La théorie causale aura à répondre à cette objection.

Mais c'est une autre idée prouvant l'insuffisance de la théorie causale qui retiendra notre attention ici. Il est incontestable qu'un certain rapport de causalité existe entre ce que l'on voit et ce qui se passe sur la rétine. Ce que nous contestons, c'est que le renvoi à un rapport de causalité suffise à lui tout seul pour expliquer le fait de la perception à distance. Il est arrivé à Alexius Meinong[1] d'invoquer, contre la théorie causale, l'argument suivant : en ce moment, je perçois par exemple ce crayon. Il est illuminé par la lampe. Le crayon (ou plutôt : les processus sur le crayon) causent donc les processus au niveau de la rétine et les processus successifs au niveau du cerveau. Un rapport de causalité existe donc, indéniablement. Mais existe-t-il seulement entre le crayon et la rétine? N'y a-t-il pas, entre le crayon et la rétine, une chaîne ininterrompue de processus qui sont pris, à leur tour, dans autant de rapports de causalité? Pourquoi ne pas remonter plus loin encore, jusqu'à la lampe, en disant par exemple que c'est la lumière de la lampe qui cause le processus rétinien. Pourquoi est-ce le crayon que je perçois et non pas ce qu'il y a juste devant mon œil ou bien la lampe? Depuis l'organe sensoriel, une chaîne causale ininterrompue remonte à rebours dans le temps; ce n'est pourtant qu'en regard de la causation que dans cette chaîne, il n'y a aucun point d'arrêt privilégié, aucun chaînon particulier. Tout élément – si vraiment nous volons procéder à une telle décomposition – résulte du précédent et constitue la cause de l'élément suivant, et ainsi de suite tout au long de la chaîne. Or, c'est bien un élément particulier de la chaîne que notre rencontre notre perception. En relation à la causation, tous les éléments de la chaîne sont égaux, en relation à la perception ils ne le sont pas : dans ce cas, il y a un élément privilégié, c'est l'objet perceptif.

1. A. Meinong, *Über die Erfahrungsgrundlagen unseres Wissens*, Berlin, Springer, 1906, p. 107.

Nous sommes donc bien en présence d'un phénomène de causation dans le cas de la perception à distance, mais en renvoyant à la causation, nous n'avons pas encore touché à l'essentiel de la perception à distance.

analyse naïve provisoire

Commençons par regarder ce qu'une analyse tout à fait naïve, procédant par gros traits typiques, nous permet de dire au sujet de la perception à distance. Qu'ont-ils en commun, tous ces cas de perception à distance? Ne pouvons-nous pas donner une description plus précise, devons-nous nous contenter du constat général que dans ces cas, c'est un objet distant qui est perçu? Or une telle perception à distance pourrait se réaliser de différentes façons. Imaginons tout simplement le cas de figure suivant : l'appréhension cognitive pénétrerait l'espace à la manière d'une sphère qui perdrait peu à peu sa force et ses contours, jusqu'à se dissoudre complètement. Notre perception ressemble-t-elle à cela? Manifestement non. Il est vrai que dans certains cas, notre capacité perceptive décroît à mesure que la distance augmente. Plus un objet est éloigné, moins sa perception sera nette, dit-on, sans réaliser à quel point cette affirmation est erronée, prise en toute rigueur. Je dirige par exemple mon regard vers une maison. Tout près de mon œil, il y a de l'air transparent. De cet air, je ne perçois rien, je vois à travers. La plupart du temps, je ne perçois pas l'air, je ne vois pas ses caractéristiques, ses états. A grande distance en revanche, il y a un lieu dont je perçois beaucoup de choses : c'est la façade de la maison. Au-delà, ma perception s'arrête brusquement. Il n'y a donc pas de decrescendo progressif vers le néant : d'abord, on ne perçoit rien ou si peu (car on pourrait dire que je perçois qu'il n'y a « rien » entre moi et l'objet), ensuite, énormément, et puis plus rien.

Il en va de même pour la perception auditive. Nous entendons par exemple le sifflement d'un pipeau. Nous passons outre tout ce qu'il y a entre nous et le pipeau, nous entendons à travers l'air comme nous voyons à travers lui. Une fois de plus, nous sommes séparés de cette chose que nous entendons par un « néant » dont nous ne savons rien ou si peu de chose. La perception à distance qui se transmet par le biais d'ondes – car c'est là-dessus que nous nous concentrerons pour l'instant – structure le monde en choses perçues (les objets de la perception) et en médiations (ce à travers quoi l'on perçoit). Bien souvent, les objets de notre perception sont constitués par toutes ces choses solides ou semi-solides qui nous entourent, tandis que la médiation est constituée par l'espace rempli d'air, par ce medium entourant les choses. Mais il y a certes des exceptions : des choses comme le verre servent de médiation ; c'est à travers le verre que nous voyons. Mais laissons pour l'heure de côté ces exceptions et demandons-nous, en raison de quelles propriétés les choses et les médias jouent respectivement le rôle d'objet de connaissance et de médiation.

corrélation

Prenons un exemple : je vois une pierre illuminée par le soleil. Une chaîne causale va du soleil jusqu'à mon œil, en passant par la pierre. Les rayons lumineux traversent le medium, avant de venir toucher mon œil. Pour la perception, la chose et le medium ont deux significations foncièrement différentes. Partons du principe que tout cela repose sur quelque chose d'objectif et que des rôles distincts reviennent donc à la chose ainsi qu'au medium au sein de la chaîne causale. C'est cette différence que nous voulons étudier.

Une question se pose, avant même de commencer : est-ce que par rapport au transfert d'énergie, il y a une quelconque différence entre un point du medium et la pierre ? Il semblerait que non. L'énergie migre tout au long de la chaîne causale, du soleil jusqu'à l'œil, et n'est en rien spécifique de la pierre.

Il est évident pourtant que le stimulus (c'est-à-dire les rayons venant toucher l'œil) a quelque chose à voir avec la pierre. Il suffit que la pierre soit légèrement modifiée pour que le stimulus soit modifié lui aussi, et ce de façon corrélative. Si un point noir affleure à la surface de la pierre, cela ne sera pas sans influence sur le spectre des rayons lumineux. Mais si un point noir affleure à la surface du soleil, le stimulus sera modifié également, mais pas de façon exactement corrélative. Le stimulus pourrait contenir un peu moins d'énergie, mais cela pourrait dériver du fait que dans l'ensemble, le soleil irradie moins d'énergie et ainsi de suite. Une fois donné, le stimulus nous permet de faire certaines affirmations concernant la pierre, mais les affirmations concernant le soleil resteront très incertaines. Si l'on peut dire des choses quant à sa luminosité, on ne peut pas dire grand-chose au sujet de sa forme ou encore au sujet de son apparence momentanée. Le stimulus est intimement associé à la pierre, et ne l'est pas au soleil. Le stimulus est soumis à la moindre modification de la pierre, alors qu'il reste à peu près égal à soi-même à travers toutes les modifications du soleil.

Le stimulus n'est pas plus corrélé au soleil qu'il est corrélé à ce qui a lieu dans le medium, du moins, aussi longtemps qu'il s'agit d'un véritable medium qui n'entrave pas la vue à travers le medium. Impossible de déterminer à partir du stimulus comment les molécules se déplacent à travers l'air et s'entrechoquent, impossible de savoir si le vent charrie d'autres masses d'air. Ce défaut n'est pas dû à un quelconque défaut des appareils d'enregistrement : le stimulus ne contient à peu près rien qui puisse donner des informations concernant ces processus, il n'y a à peu près rien qui, dans le stimulus, soit corrélé à ces derniers.

l'événement et son substrat

On comprend mieux ces rapports une fois qu'on aura considéré le rapport de l'événement à son substrat. On peut dire que le medium et la pierre constituent les substrats de l'événement, ils demeurent là où ils sont, tandis que l'énergie passe par eux et sur eux pour venir se concrétiser dans différentes formes.

Il n'y a que deux cas de figure possibles. Dans le premier cas de figure, l'événement est corrélé, à un certain endroit, au substrat. Quelle que soit la forme sous laquelle l'énergie arrive, elle adopte toujours, à cet endroit précis, la forme spécifique du substrat. Elle ne se modifie que si le substrat se modifie. Un tel substrat possède un caractère, une individualité forte et ne peut être influencé que très modérément du dehors. Dans le second cas de figure, l'événement est toujours corrélé avec ce qui, de façon exogène, arrive au substrat et agit sur celui-ci. Le substrat n'a alors pas de caractère intrinsèque, tout est adopté et transmis avec fidélité ; le substrat contient en lui de nombreuses éventualités d'événements. Que telle ou telle possibilité se réalise dépendra non pas de conditions internes, mais purement des conditions externes.

Nous avons donc deux types : conditionnement interne, où l'événement est corrélé avec le substrat, et conditionnement externe, où l'événement est corrélé avec l'action externe.

Prenons un exemple : nous avons trois bâtonnets que l'on peut déplacer dans l'axe longitudinal, indépendamment les uns des autres. Si l'on agit avec des pressions différentes sur les trois bâtonnets, un tel se déplacera plus vite et tel autre moins. Une telle forme de mouvement des bâtonnets correspond à un conditionnement externe. Toutefois, si j'applique un lien solide entre les trois bâtonnets, ceux-ci se déplaceront toujours de la même façon, ce qui nous correspond donc à un conditionnement interne. Peu importe dans ce cas comment la pression se distribue sur les trois bâtonnets : ils se déplaceront toujours de la même manière. L'événement qui se produit au niveau de la pierre réfléchissant la lumière, est un événement qui dépend du substrat, un événement relevant d'un conditionnement interne. Ce qui se produit au niveau de la pierre et la manière dont cela se produit ne dépend pas vraiment de l'action des rayons du soleil, même si, certes, le fait qu'il y ait événement résulte bien sûr de leur action. A l'instant même où le soleil s'éteint, il n'y aura plus d'ondes solaires au niveau de la pierre. Mais ce genre d'événement, le fait en l'occurrence qu'à cet endroit précis, la longueur des ondes soit équivalente aux vibrations chromatiques du jaune, tandis qu'à d'autres endroits, elles seront équivalentes à d'autres vibrations chromatiques, tout cela ne dépend que des propriétés de la pierre.

L'événement qui se produit dans un medium relève quant à lui d'un conditionnement externe. Ce qui se produit dans les médias dépend de l'énergie qui arrive à eux, tandis que la forme de l'événement est dans une large mesure indépendante de la facture spécifique du médium.

auto-vibration et vibration imposée

Généralement, les vibrations conditionnées du dehors sont appelées des vibrations imposées, tandis que les vibrations conditionnées du dedans sont appelées des auto-vibrations. Concernant les vibrations imposées, un autre aspect encore est caractéristique, au-delà du conditionnement externe. Pour bien saisir cet autre aspect du mot « imposé », nous allons voir comment nous l'appliquons par rapport à certains processus.

Mettons que je pousse une boule, de sorte qu'elle se mette à rouler sur un plan. Ce genre de mouvement est fortement conditionné du dehors : je peux donner des impulsions de force différente et dans des directions différentes. Et pourtant, il ne me viendrait pas à l'idée de parler d'un événement imposé. La trajectoire de la boule serait imposée dans le cas où j'amenais de ma propre main la boule et que son mouvement dépendait à tout instant du mouvement de ma main. On ne parlera donc pas de mouvement imposé dans tous les cas de conditionnement externe.

La différence entre les deux genres de cas de conditionnement externe se situe au niveau suivant : dans le premier cas, il y a une influence extérieure tout au début, et le reste du mouvement se déroule de façon homogène, si bien que la seule imposition provient du fait que la boule se déplace sur le plan, mais que par ailleurs, celle-ci est libre. Un coup au tout début, et la boule traverse toute la table. La trajectoire peut certes être fortement conditionnée par cette impulsion initiale. Mais dans le second cas, c'est du début jusqu'à la fin qu'il y a une influence externe.

Voilà pourquoi dans le premier cas, l'événement manifeste une certaine unité, dès lors qu'une partie engendre la suivante et est à son tour engendrée par celle qui la précède. Les parties dépendent les unes des autres et sont, entre elles, inséparables. Dans le second cas en revanche, l'événement est multiple, les différentes parties sont en relation entre elles, mais entre elles, il n'y a pas essentiellement un rapport de causalité, dès lors que chaque partie est induite du dehors. Toutes les multiplicités imposées sont des multiplicités de ce type, où une influence externe est constamment présente, dans la moindre partie, la vibration est induite par une cause externe. Dans une certaine mesure, même dans les cas d'auto-vibration, il y a conditionnement externe. L'amplitude d'oscillation du diapason dépend de la force avec laquelle celui-ci a été frappé. Et cependant, on ne parlerait jamais de mouvement imposé.

Dans les cas de l'auto-vibration, l'événement est homogène. Il est généré par une cause et se déploie ensuite en lui-même. On frappe le diapason, et par la suite, plus aucune intervention n'est requise. Ce qui s'ensuit n'est pas constitué de parties indépendantes les unes des autres. Dans le cas d'une vibration imposée, on pourrait interrompre une onde et lui faire ensuite reprendre, après un bref temps d'arrêt, sa propagation. Dans les cas d'auto-vibration, le défaut d'une partie n'est pas concevable.

En premier lieu, nous avions contemplé l'événement selon son conditionnement externe ou interne. A présent, il faut ajouter la distinction entre un événement homogène et un événement multiple.

Nous pouvons invoquer à nouveau notre exemple précédent des trois bâtonnets. Quand les trois bâtonnets sont déconnectés, on parlera d'un événement véritablement multiple ; les mouvements des trois bâtonnets sont indépendants les uns des autres. Tout mouvement de bâtonnet est avant tout induit du dehors, il y a trois influences externes. S'il y a multiplicité, ce n'est pas au sens d'une multiplicité consécutive, comme dans les ondes sonores du medium, mais d'une multiplicité simultanée, l'un à côté de l'autre. Quand les bâtonnets sont reliés entre eux, en revanche, leur mouvement sera évidemment homogène.

Informer, imposer, imprimer une forme précise n'est possible – de façon générale – quand ce qui est imposé (ou bien ce à quoi cela est imposé) est constitué de nombreuses parties indépendantes les unes des autres. Une chaîne épousera d'autant mieux les contours d'une courbe que son maillage sera étroit, que les parties rigides de la chaîne seront courtes et que les différents chaînons seront indépendants entre eux. Un bâton n'épousera jamais la forme d'une courbe, parce que la position de ses éléments est déterminée de façon interne, tandis que la coïncidence la plus parfaite sera obtenue par le biais d'une ficelle souple, car la position de ses éléments est le moins déterminée du dedans : elle peut être disposée du dehors. Les parties d'une ficelle souple sont dans une large mesure indépendantes les unes des autres, alors que les parties d'un corps solide sont au contraire fortement solidaires les unes des autres. Au sein des choses, on observe donc déjà la proéminence plus ou moins forte de telle ou telle qualité du medium. Nous pouvons facilement en faire l'expérience. A travers un corps malléable, nous pouvons sentir un corps solide. Le tissu constitue alors tout autant un medium que l'air à travers lequel nous entendons et nous voyons.

Nous nous apercevons ici à quel point le conditionnement externe et la multiplicité sont corrélés. Tout se passe comme si les événements multiples, dont les parties singulières dépendent d'une influence extérieure, étaient de surcroît associés la plupart du temps à l'extériorité. Le moindre élément de l'événement imposé, le moindre choc par exemple, doit être engendré par l'élément causal, si bien que tout choc devient un messager qui annonce un nouvel aspect, une nouvelle propriété, un nouveau côté de la cause. Plus ce messager sera indépendant de ses voisins, des autres messagers, moins il y aura de perte, de brouillage, dans la transmission du message. Comme il y a un grand nombre de messagers, dont chacun transporte quelque chose de la cause, ils donnent dans leur ensemble une impression assez précise de la cause et renvoient sans équivoque à celle-ci. Une onde de choc à elle toute seule pourrait résulter, dans sa singularité, des causes les plus diverses, mais pris dans l'ensemble des autres ondes, elle ne peut pas avoir été engendrée par quelque chose de foncièrement différent.

les fausses unités

Il y a cependant encore autre chose à dire de cette vibration que le diapason impose au medium. La vibration est donc premièrement conditionnée du dehors et deuxièmement, il s'agit d'un événement multiple, elle est faite d'innombrables micro-événements indépendants les uns des autres. Mais comment parler de la vibration comme d'une totalité, alors qu'en réalité, il s'agit d'une multiplicité; comment peut-on penser l'unité de cette vibration? Car vu de l'extérieur, une vibration imposée ne se distingue en rien d'une auto-vibration, elle apparaît comme unitaire. Indépendantes les uns des autres, et s'ignorant pour ainsi dire mutuellement, les impulsions s'agencent pourtant selon des écarts tellement réguliers, et finissent par former un ordonnancement qui par ailleurs n'existe que parmi des choses reliées entre elles, jamais parmi de véritables multiplicités. Ces événements imposés constituent de fausses unités, et cela est rendu possible par le fait qu'on peut les ramener à des causes unitaires. Si de surcroît, les causes des différentes impulsions indépendantes n'avaient, elles aussi, rien à voir entre elles, il serait fort peu probable qu'un tel ordonnancement et qu'une telle régularité puisse émerger.

les processus médiaux
en tant que signes

A présent, nous comprenons mieux pourquoi les processus médiaux ont pour fonction de transmettre des connaissances. Les rayons lumineux touchant mon œil ne sont que des messagers de la chose, ils n'en sont qu'un signe. Nous voulons maintenir que dans de tels faits, qui se présentent dans l'analyse de la perception, nous ne trouvons pas que du psychologique, autrement dit quelque chose de conditionné par l'organe réceptif, mais que ces faits nous fournissent des indications quant à la structure du monde.

A première vue, tout cela semble assez incongru : comment se fait-il que dans l'inorganique, dans le monde physique, telle chose soit équivalente au signifiant et telle autre au signifié ? Est-ce qu'au sein de ce monde, tout n'est pas signifiant au même titre, est-ce que tout n'est pas auto-fondé, ne faisant signe que vers soi ? Comment pourrait-il y avoir quelque chose qui fait signe vers autre chose ?

Pour pouvoir faire signe vers autre chose, le signe doit être étroitement corrélé à cette autre chose, à ce qui est signifié. Le signe doit faire signe vers quelque chose de précis, il ne peut être seul dans le monde, mais doit être mis en relation avec autre chose, et avec quelque chose de bien précis. Cette caractéristique de l'être en relation, nous la retrouvons de fait aussi dans les processus médiaux.

Tous ces processus médiaux, qui touchent à nos organes sensoriels et nous informent au sujet des choses représentent de fausses unités. Or toutes ces fausses unités ont la caractéristique de faire signe vers autre chose ; prises en elles-mêmes, elles sont incompréhensibles, si on ne les ramène pas à leur cause unitaire.

Mettons que dans un medium, il y ait un faisceau d'ondes lumineuses provenant d'une source lumineuse, alors il ne s'agit pas d'un événement, comme c'est le cas de la pierre, qui pour l'essentiel, et tout en ayant eu ses causes, existe pour elle-même dans le monde. On pourrait dire que les ondes lumineuses montrent pour ainsi dire du doigt la cause dont ils proviennent ; ils ne sont rien sans leur cause. Ceci provient du fait que, bien qu'ils manifestent un ordonnancement rigoureux, celui-ci n'est pas inhérent aux ondes elles-mêmes, dès lors que celles-ci sont indépendantes les unes des autres. Il en va de même pour la succession des ondes sonores.

l'ordre des signes

Dans cet ordre d'idées, il est intéressant de regarder comment sont faits les signes fabriqués par l'homme. Prenons par exemple l'alphabet. D'un côté, nous avons l'extraordinaire variété de significations, de l'autre nous avons les mots et les phrases associés à cette variété de significations. Une telle variété de significations n'est possible que parce que quelques éléments – les 24 lettres – peuvent être combinés des façons les plus variées. On peut procéder aux compositions les plus diverses, précisément parce que les lettres ne sont pas soudées les unes aux autres, ce qui revient à dire, plus généralement, qu'elles sont indépendantes les unes des autres.

Toutefois, on pourrait arriver autrement à cette variété des signes : pour tout mot, pour tout concept, on pourrait avoir un signe unique. Un signe qui, par conséquent, constituerait à lui tout seul une unité et ne serait pas composé de parties indépendantes. Le langage des images correspond à un tel système de signes. La plupart des systèmes de signes se servent cependant du principe de composition, afin d'atteindre la variété. Même pour les drapeaux signalétiques ou pour le code de morse, c'est le principe de la combinaison d'élément indépendant qui est en vigueur. Or cette disposition des unités ne s'effectue pas seulement dans l'espace, comme c'est le cas des lettres, mais encore dans le temps.

L'alphabet morse représente l'idéal de cette corrélation par combinaison. Toute la variété des signes est atteinte par la simple disposition de deux éléments. L'alphabet morse est une écriture à deux lettres et ce n'est donc guère un hasard que pour la transmission à distance, on se serve de ce système de signes exceptionnel. L'alphabet morse ne fait pas de différence : ici aussi, bien sûr, il faut que les différents points – ce qui est combiné donc – soient indépendants les uns des autres. S'il y avait une interdépendance, par exemple s'il fallait toujours que quatre points se succèdent ou encore que les points s'enchaînent d'eux-mêmes d'une certaine façon : la signification en serait perturbée. La disposition des points doit dépendre entièrement de celui qui s'en sert et ne peut d'aucune façon relever des signes eux-mêmes. Autrement dit : les signes doivent être autonomes les uns par rapport aux autres. Si c'est dans le temps que l'on combine les lettres, l'espace-temps de tel élément doit être indépendant des espaces-temps de tous les autres. Il y a un dicton allemand voulant que quand on a dit « A », il faut dire « B ». Si le dicton était juste, l'usage de ces deux signes en résulterait fort limité. De par eux-mêmes, ils relèveraient donc d'un principe d'enchaînement temporel ; leur enchaînement ne dépendrait plus d'un usager qui leur impose une succession, ils auraient un enchaînement intrinsèque.

structure vitale

Nous avons donc appris la signification de la chose ainsi que du medium pour l'événement ondulatoire, et nous avons explicité pour quelle raison les choses font office d'objets de connaissance et les médias de transmetteurs. Or une chose n'est pas qu'une entité réfléchissante mais bien souvent, c'est quelque chose de bien solide contre laquelle on bute et qu'on peut manipuler. Entre les choses, il y a « l'air vide » qui, à son tour, possède certaines caractéristiques pratiques, même si cet air ressemble beaucoup moins à « quelque chose » qu'un corps solide. Nous avons considéré le medium en tant que ce qui permet de voir et d'entendre ; à présent, nous allons le considérer comme quelque chose qui nous concède d'y passer la main, d'y jeter un ballon, etc. Il va falloir nous demander comment le milieu est structuré par rapport aux besoins vitaux, aux significations immédiates pour l'organisme.

Toutes les données que le milieu me fournit n'ont pas la même importance pour moi. Je n'ai pas besoin de savoir selon quelles lois les particules de l'air se déplacent. Mais le fait qu'ici, il y ait une chaise et que là, il y ait une table, ce sont là des faits qui peuvent déterminer mon comportement. Qu'il y ait là un escalier, qu'une voiture roule, qu'une maison se situe derrière, tout cela, je dois le voir et l'entendre. Parmi les innombrables déterminations possibles du milieu, il me suffit d'en connaître quelques-unes pour être orienté quant aux rapports possibles que mon corps pourra entretenir à son égard. Car nous ne vivons que dans une sphère bien particulière de ce monde; nous n'avons aucun rapport avec bien des choses qui nous entourent et qui se produisent autour de nous. Les modalités selon lesquelles s'opèrent les sauts des molécules sont insignifiantes pour nous. Et pourtant, tout ce qui compte pour nous repose d'une façon ou d'une autre sur ces particules, c'est à partir de celles-ci qu'émergent des unités plus grandes. Ce sont ces unités plus grandes qu'il va falloir regarder de plus près encore.

les unités

Une chaise est constituée d'une multiplicité de parties : comment se fait-il que cette multiplicité soit néanmoins une unité? Ce n'est pas qu'un fait subjectif que de synthétiser cette multiplicité en une unité, chaque fois que la chose est appréhendée d'une certaine façon. Impossible d'agréger, de manière arbitraire, une partie de la chaise et une partie de l'air pour en faire une unité. L'unité qui en résulterait serait dépourvue de tout sens. L'unité de la chaise est donc bien objective, la chaise est donc bien quelque chose qui se distingue des autres choses, même d'un point de vue physique. Quand je prends un coin de la chaise et je tire dessus, c'est toute la chaise qui vient vers moi, mais pas les particules de l'air. Il y a, entre les parties de la chaise, une interdépendance qui n'existe pas entre les particules de l'air. Nous n'allons pas analyser en détail cette interdépendance. Pour aller vite, disons qu'un corps solide cède moins vite et que ses parties se décalent moins facilement les unes par rapport aux autres. A travers toutes les modifications, l'unité se maintient en une très forte mesure. Les particules de l'air quant à elles se désolidarisent facilement, les groupes ne s'agrègent pas toujours de la même manière, la moindre nuée de moustiques déstructure toute leur disposition. Il faut garder à l'esprit que pour une chose solide, pour une chaise ou pour une table, une telle modification équivaut à une destruction. Certes, on peut aussi démembrer une unité, mais généralement, cela requiert bien plus d'énergie que de la disloquer de son environnement. Par ailleurs, la solidité n'est même pas forcément requise pour ce genre d'unités : une robe, un chapeau, une ficelle, etc. – ce sont toutes des unités qui ne sont pas solides. Mais là aussi, il s'agit de choses qui se détachent du medium qui les entoure.

les propriétés d'ensemble

Toutes ces grandes unités trans-élémentaires ont donc des propriétés d'ensemble, puisque c'est en tant qu'ensemble que cette unité possède certaines propriétés. Un bout de ficelle par exemple est souple ; quand je prends la ficelle et que je la soulève, elle changera de forme. Quand je saisis la ficelle par les deux extrémités et que je tire, elle se tendra – à un certain point, je ne pourrai pas écarter plus les extrémités, mais je pourrai à nouveau les rapprocher et replier la ficelle. Je peux en outre découper la ficelle, je peux défaire sa trame – tout ceci et bien plus encore rentre dans les propriétés d'ensemble.

Ces propriétés d'ensemble sont régies par certaines lois et entretiennent certains rapports qui sont, en tant que tels, hautement invariants par rapport aux déterminations des petites particules. La sphéricité fait partie de ces propriétés : elle peut se manifester au niveau d'infimes combinaisons de particules, et chacune de ces combinaisons présente en outre la particularité d'être sphérique et d'être donc susceptible de rouler. A condition que celle-ci soit solide, on peut faire rouler une boule, quel que soit le matériau dont elle est composée. Il y a donc un rapport de corrélation entre les différentes propriétés d'ensemble, par-delà les petites particules et leurs propriétés spécifiques.

Il est arrivé à Wolfgang Köhler, qui a insisté tout particulièrement sur l'importance de ces phénomènes trans-élémentaires[1], de qualifier ces unités de « choses » (*Dinge*)[2]. Déterminer le rapport entre ce que Köhler nomme des « formes physiques » (*physische Gestalten*) et tout ce que nous avons développé n'est pas évident. La forme physique à l'arrêt – la *Gestalt* – équivaut à un système métastable dans lequel la moindre partie se modifie pour contrebalancer la modification d'une autre. Que ceci soit valable dans la même mesure pour des choses solides, cela reste à voir. En tout cas, il y a des formes physiques fortes qui ne sont guère des choses physiques. Pour les processus esthésico-physiologiques – Köhler le souligne – de tels systèmes physiques sont d'une grande importance ; pour les structures pratiques du monde qui nous entoure, en revanche, ainsi que pour les conditions perceptives hors de l'organisme, les structures correspondant aux unités stables sont vraisemblablement plus décisives.

---

1. W. Köhler, *Intelligenzprüfungen an Menschenaffen*, Berlin, Springer, 1921.
2. W. Köhler, *Die physischen Gestalten in Ruhe und im stationären Zustand. Eine naturphilosophische Untersuchung*, Erlangen, Verlag der Philosophischen Akademie, 1920, p. 48.

les parties et les ordres de grandeur

Quelles sont donc les unités que nous trouvons vraiment dans le monde? Autour de moi, il y a des tables, des chaises, des maisons, des arbres, et en outre – me dit-on – il y a aussi des molécules, des atomes, des électrons, qui sont, eux aussi, des unités, des complexes constants. Enfin, il y a des planètes, la Terre, le Soleil et la Lune, les unités astronomiques.

Quel est le rapport entre toutes ces unités? Car elles ne sont guère équivalentes. A la grande unité Terre appartiennent d'innombrables chaises et d'innombrables tables. Les objets qui, à la surface de la Terre, forment des unités, sont d'un autre ordre de grandeur que la Terre : la Terre appartient à la couche unitaire supérieure des corps célestes, à laquelle les objets tels que la table, etc. sont subordonnés. Et la table à son tour est placée au-dessus des petites unités physiques. On est donc en présence de toute une hiérarchie de choses et d'unités imbriquées les unes dans les autres.

Autrement dit : dans notre monde, il y a des parties. Un monde sans « parties » sera pourtant parfaitement envisageable, un monde, dans lequel deux unités n'entretiendraient pas de rapport de partie au tout. Chaque unité du monde serait un élément infime et il n'y aurait aucun ordre supérieur, si bien que jamais, plusieurs unités s'agglutineraient pour former un complexe qui aurait une durée plus ou moins longue. Dans notre monde en revanche, il y a des unités plus ou moins grandes et des parties faisant partie d'ensembles plus vastes.

Quelque part à l'intérieur de cette hiérarchie, il y a donc les choses à la surface de la Terre, des choses au milieu desquelles nous vivons, auxquelles nous appartenons et dont les lois sont d'une telle importance pour nos vies. Ces choses possèdent leurs propriétés d'ensemble qui, comme nous avons pu le constater, sont invariantes au regard des déterminations des particules. Une couche se forme faite de relations régulières et qui ne contient que des choses d'un certain ordre de grandeur et qui est à peu près sans rapport avec les couches supérieures et inférieures. Pour les choses plus grandes, peu importe ce que font les unités inférieures. D'une couche inférieure, les principes de corrélation ne passent pas à une couche supérieure. Rares sont les événements au niveau des petites unités qui ont un effet spécifique sur le plan des grands ensembles. A la rigueur, ce serait encore avant tout le cas dans un processus générateur – quand une molécule vient sous certaines conditions heurter une autre par exemple – que des événements ayant des conséquences au niveau des choses se produisent. Tout cela, on le conçoit sans peine. Mais qu'en résulte-t-il pour notre monde? Ce serait l'émergence d'un phénomène à partir d'un sous-domaine que n'enregistrent pas encore nos sens, à partir d'un monde auquel nous n'avons pas accès. Ce serait comme si nous étions constamment exposés à des influences venant d'un néant mystérieux : soudain, dans une pièce jusque-là parfaitement calme, une table se briserait à grand bruit, une armoire s'effondrerait et sur la feuille de papier se creuserait le trou d'une bougie. Tout cela, ce seraient des événements pour lesquels notre expérience sensible du monde n'aurait aucune explication causale : nous dirions que les choses ont tout simplement la propriété d'être facilement inflammables ou encore qu'elles sont susceptibles de s'effondrer sans raison apparente, comme on dit cela d'un mélange explosif, etc.

Or fort heureusement, dans l'ensemble, notre monde est assez accessible pour nous et la plupart du temps, nous pouvons percevoir les causes d'un processus. De façon générale, les armoires que nous voyons ne se déplacent pas, sauf à percevoir en même temps la cause de son mouvement : il faut donc que la cause du mouvement relève, elle aussi, de l'ordre des grandes choses, puisqu'il n'y a pas de causations qui, de la sphère des unités infimes, passe à la sphère des unités supérieures. Voilà pourquoi l'homme est parfaitement impuissant face aux planètes et aux étoiles. Nous pouvons déplacer les choses à la surface de la Terre, nous pouvons les recomposer et les brûler à notre guise : les planètes ne réagiront pas pour autant.

Des événements collectifs qui se produisent au niveau d'une couche en particulier peuvent bien sûr avoir des conséquences au niveau d'une couche supérieure : le vent, ou alors le fait de faire brûler tel ou tel gaz, etc. Mais dans ce cas, c'est la masse des événements additionnés qui agit, et non pas l'événement singulier. Rigoureusement parlant, ces processus relèvent déjà de la sphère supérieure.

Le cas contraire, autrement dit le fait que des causations d'un niveau supérieur descendent à un niveau inférieur, est manifestement tout aussi rare. A première vue, on pourrait penser que cela se produit fréquemment. Quand la terre tremble, dans les habitations des hommes, les objets vacillent et tombent : quand je passe ma main à travers l'air, je déplace les molécules. Mais en réalité, dans tous ces cas de figure, une fois de plus ce ne sont que des phénomènes de masse qui sont engendrés au niveau des micro-unités, et il est fort difficile de trouver des corrélations où tel micro-événement singulier serait causé par tel macro-événement au niveau des choses. Il y a bien certaines secousses telluriques qui ont pour effet que seule mon armoire s'effondre, mais à part cela, elles n'ont pas d'autres déterminations caractéristiques, en tant que secousses, elles n'ont pas de qualifications particulières. Que telle chose tombe lors d'un tremblement de terre n'est dès lors que l'effet plus ou moins contingent d'un phénomène de masse. Ce serait fort improbable que grâce à un simple mouvement de la main, je puisse faire en sorte qu'une molécule parcoure une certaine trajectoire.

On pourrait penser qu'en cas de chute libre, il y ait de la causation qui irait depuis le grand ensemble en direction des choses à la surface terrestre. Mais à cause de la gravitation terrestre, comme dans les exemples précédents, il ne s'agit que d'un phénomène de masse produite au niveau de la couche unitaire inférieure. Les corps sont tous plus ou moins lourds, et pas plus qu'avant, il n'y a de corrélation entre les différents éléments. En outre, il y a encore un autre paramètre concernant notre gravitation terrestre : pour les choses à la surface de la terre, la gravitation représente une constante, si bien que même pour des phénomènes de masse, elle ne saurait constituer une cause véritable. L'effet de cette condition constante, une pensée naïve ne le ressent même pas et ne lui prête pas attention. La relation à la terre se cristallise dans une propriété qui est attribuée aux choses elles-mêmes, dès lors que l'autre terme de la relation demeure constant. Au quotidien, l'explication selon laquelle la pierre est entraînée dans sa chute par le fait qu'on ôte son support et non pas par la force gravitationnelle nous convient tout à fait.

Nous comprenons d'autant mieux la rareté des chaînes causales entre deux ordres de grandeurs différentes quand nous pensons à la difficulté que connaît le physicien pour produire certaines réactions moléculaires. D'ailleurs, bien souvent, tout ce qu'il parvient à obtenir, ce sont des phénomènes de masse.

les choses à la surface de la terre

Entre les grandes unités astronomiques, il y a des rapports « simples », c'est-à-dire des relations qui se laissent aisément mathématiser : à travers leurs transformations et leurs principes, la charpente spatio-temporelle se laisse facilement repérer. La même chose est sans doute valable pour la relation entre les atomes et les électrons.

Par contre, il n'en va pas de même pour les choses à la surface de la Terre. Ces choses-là ne se déplacent quasiment jamais selon des courbes régulières. Ces relations brutes et simples qu'elles entretiennent en tant que simples masses n'ont à peu près aucune importance. Certes, entre la chaise et la table il y a des rapports de gravitation, mais à aucun moment, la force gravitationnelle détermine les déplacements et les modifications de ces objets. Car toute gravitation individuelle est neutralisée par la gravitation puissante de la Terre qui cependant ne détermine finalement qu'assez rarement – quand il y a chute libre – le mouvement du corps. D'ailleurs, la chute libre est un des rares événements de notre vie quotidienne où nous sommes témoins du caractère géométrique à l'œuvre dans l'influence réciproque qu'ont deux unités l'une sur l'autre : dans le poids des corps, celui-ci n'est présent qu'à l'état latent. Pourtant, nous avons déjà vu que la chute libre ne saurait être pensée à la manière d'une influence réciproque qu'auraient deux unités l'une sur l'autre.

Du fait que les relations brutes et simples des unités prises en tant que masses se voient neutralisées par cette surpuissance de la masse terrestre, d'autres relations plus subtiles et plus variées peuvent avoir une tout autre importance, chaque fois que deux corps se touchent. En tant que simple masse à distance, une sphère n'agit pas autrement qu'un cube, si les deux sont retenus à la surface d'une unité plus grande par la force gravitationnelle, leur différence de forme sera décisive pour leur destin respectif.

Parmi toutes ces choses, il y a donc l'organisme qui se crée un monde. Les choses s'enrichissent de relations, des relations qui n'ont à peu près jamais cette nature géométrique transparente. Il s'agit de relations qui ressemblent plutôt à ce genre de relations : avec des ciseaux, on peut découper un fil mais on ne peut découper un tuyau; un tablier se laisse dépoussiérer bien mieux avec une brosse qu'avec un couteau. Toutes ces relations infiniment variées sont certes introduites par l'organisme, mais il est fort probable toutefois que ces relations ne soient possibles que parmi des unités qui se situent elles-mêmes à la surface d'une unité bien plus grande. Au sein d'un système solaire avec des unités de la taille de la Terre, un organisme qui aurait la taille de celle-ci serait sans doute incapable de créer des relations aussi riches et serait par la même occasion inepte à la survie.

ni chose ni medium

A présent, revenons à la distinction entre chose et medium. Précédemment, nous n'avions considéré cette distinction qu'en regard des processus ondulatoires et nous avions découvert que pour les choses, celui-ci relève d'un phénomène unitaire – l'auto-vibration –, tandis que pour le medium, les impulsions s'agrègent en fausses unités, les vibrations imposées. A présent, regardons quels sont les autres processus – mis à part le phénomène ondulatoire – qui ont lieu dans les choses et les médias et par ailleurs, quel est leur rapport aux unités statiques précédemment analysées.

Tout d'abord : que se passe-t-il au niveau des choses, des grandes unités, et qu'est-ce qui se passe dans le medium ? Il est facile de trouver des exemples d'événements chosiques : une pierre qui tombe, une voiture qui démarre, etc. Tout mouvement d'une telle unité majeure est à situer ici. Il s'agit d'événements qui ont tous leur importance pour notre vie et dont il faut que nous ayons connaissance. D'une façon ou d'une autre, ces événements sont liés à la grande unité de notre propre ordre de grandeur.

Dans le medium, mis à part le phénomène ondulatoire, nous trouvons d'autres micro-phénomènes comme celui des molécules, le mouvement des particules infimes, leur manière toute singulière qui ne se résume pas au mouvement par lequel les particules s'agrègent en phénomènes collectifs. A son tour, ce micro-phénomène est lié à des unités statiques, à des unités de taille moléculaire. Ces microphénomènes sont insignifiants, on l'a vu, pour des choses de notre ordre de grandeur, dès lors que les événements particuliers qui se produisent au niveau d'une couche sont indifférents pour l'ordre supérieur. Voilà pourquoi à un endroit où il n'y a que des petites unités, pour nous, il n'y a « rien » ; un espace qui n'est rempli que d'air sera vide. Quand une pierre tombe, elle tombe jusqu'à ce qu'elle rencontre une autre chose, quand je fais rouler une boule sur un plan, elle roulera jusqu'à ce qu'elle percute un mur ou une autre chose solide, un bâton volera à travers l'air jusqu'à s'écraser contre le sol, etc.

Il faut s'en rendre compte : tous les événements n'ont pas pour nous une signification, beaucoup de choses se produisent sans jamais remonter jusqu'à notre monde. Si les médias sont remplis d'unités d'ordre inférieur, par rapport à notre ordre, ils sont vides. Les deux événements – aussi bien celui des choses brutes que celui des petites particules – sont donc liés à des unités statiques et seuls les événements chosiques bruts possèdent une signification pour nous.

les processus médiaux sont insignifiants

Les processus médiaux n'ont d'importance que dans la mesure où ils sont attachés à quelque chose d'important – pris en eux-mêmes, généralement ils ne sont « rien ». Cela ne fait pas de différence pour moi si le medium à travers lequel je me déplace est parcouru par des rayons rouges ou bleus ou bien s'il est traversé par des rayons de telle ou telle sorte. Les rayons n'ont d'importance pour moi que dans la mesure où ils m'informent au sujet des choses ; en eux-mêmes, les rayons ne m'intéressent pas : je ne les heurte pas, ils ne transpercent pas ma peau et ne me blessent pas, ils ne mettent pas soudain en mouvement une feuille de papier et ne freinent pas la trajectoire d'une balle.

Au niveau des choses brutes, les rayons lumineux n'ont pas d'effets bien déterminés, et de fait, les quelques exceptions – comme le radiomètre – ne manquent pas de produire l'étonnement humain. De même pour les ondes sonores, qui n'ont généralement pas d'effet à ce niveau. On pourra crier aussi longtemps après une pierre : elle ne se déplacera pas d'un pouce. Il est plutôt rare que des murailles s'écroulent sous les coups de trompettes, comme à Jéricho. Si les grandes unités se mettent à vibrer grâce aux appels d'air, cela ne conduit que rarement à un événement relevant de l'objet tout entier. Ni les micro-phénomènes moléculaires ni le phénomène ondulatoire n'ont donc des effets corrélatifs au niveau des choses brutes. Dès lors que dans le medium, rien d'autre ne se passe, il n'y a rien en lui qui puisse avoir une signification pour notre monde (mis à part peut-être quelques événements collectifs).

Néanmoins, le medium a bien une importance dans la mesure où il exerce une influence biologique directe sur le développement de l'organisme : les animaux marins présentent une autre anatomie et se déplacent autrement que les animaux aériens. Mais il s'agit là d'une importance d'un autre type et en tout cas, celle-ci n'est pas enregistrée consciemment par l'organisme. Ce qui est enregistré consciemment, ce n'est que la pluralité et la variété du milieu auquel l'organisme est relié à travers des rapports de causalité immédiats, mais pas l'air qui nous entoure indifféremment.

Certes, tout ceci – comme bien d'autres choses dans notre étude – n'est valable que dans l'ensemble, et l'on pourrait sans doute faire valoir des contre-exemples. Mais nous ne cherchons pas à établir des lois sans exceptions : nous souhaitons simplement indiquer quelques règles, ce qui est valable en général et ce qui est déterminant dans la moyenne.

les phénomènes ondulatoires

Considérons d'un peu plus près encore le phénomène ondulatoire. Dans le medium, les impulsions ondulatoires glissent par-delà les unités, elles se rapportent à ces unités de manière tout à fait différente que dans les phénomènes décrits plus haut. Les molécules restent sur place, l'impulsion se propage. Bref, ce que nous posons comme identique dans un événement n'est pas nécessairement lié à une chose identique. Les ondes dans le medium sont indéniablement trans-élémentaires. Elles saisissent de nombreuses petites unités, tout comme un événement au niveau des grands objets. A la différence près que ce dernier est lié à une unité trans-élémentaire statique, tandis que dans l'impulsion ondulatoire trans-élémentaire, les petites unités sans lien statique servent de substrat à un événement plus grand.

Et pourtant, le phénomène ondulatoire a bien un certain lien avec l'ordre des choses brutes, si ce n'est que ce lien est différent d'un véritable événement chosique. On s'en rend bien compte quand les objets sont pris dans une auto-vibration : dans ce cas, ce ne sont pas à chaque fois de nouvelles unités qui sont prises dans un processus ; par l'auto-vibration, le phénomène ondulatoire est inséré dans le monde des choses brutes, c'est à notre monde qu'il est relié par une corrélation étroite, non pas au monde moléculaire. Un coup de vent glisse par-dessus les micro-événements des molécules, sans se soucier de leurs singularités. Autrement dit, le vent glissera de la même façon si l'agencement moléculaire a été modifié. Au niveau de la chose, en revanche, la vibration – l'auto-vibration – dépendra essentiellement de la facture de la chose et elle est caractéristique de celle-ci. De même, les ondes qui traversent le medium seront également corrélées à la chose.

Le fait que généralement, les choses effectuent des auto-vibrations, tandis que les médias effectuent des vibrations imposées et que le phénomène ondulatoire dépend donc constitutivement de sa corrélation au monde dans lequel nous vivons, tout cela est d'une importance majeure.

On le comprend d'autant mieux quand on envisage les exceptions : il y a des médias opaques et des choses transparentes. Le brouillard n'a pas pour nous le statut d'un objet, nous pouvons y évoluer comme dans de l'« air vide » ; et pourtant, dans le brouillard, la corrélation des rayons lumineux et des choses est perturbée. Le verre représente une autre exception : le verre est incapable d'imprimer sa forme au phénomène ondulatoire, il laisse passer les ordonnancements et les transmet, comme un medium. Pourtant, le verre relève bien de l'ordre des choses brutes, il constitue un corps solide. Ces exceptions ont une signification biologique. Les marins et les alpinistes meurent dans le brouillard, tandis que les oisillons périssent parce qu'ils ne se sont pas adaptés à ces exceptions et qu'ils viennent s'écraser, le bec contre le verre.

les ondes lumineuses

Regardons à présent d'un peu plus près les événements liés aux ondes lumineuses. Nous avons soutenu que dans un medium, il y a une pluralité d'événements qui coexistent indépendamment les uns des autres. Dans quelle mesure en est-il ainsi ? Ce que cela implique, d'une part, c'est que les événements qui se succèdent à un endroit précis ne sont pas reliés les uns aux autres. Quand un segment du medium a été traversé par une vibration a, cela n'implique pas que d'autres vibrations b et c suivront à cet endroit selon les propriétés qui le caractérisent (ce seraient des auto-vibrations); il faut toujours une impulsion venant du dehors. Une fois que cette impulsion cesse, il y a un espacement de la vibration, ce qui équivaut manifestement à un reste d'auto-vibration dans le medium. Si la vibration suivait en tout point ce qui lui vient de dehors, elle devrait cesser immédiatement lorsque cesse l'influence externe. Cet espacement de la vibration perturbe d'ailleurs la corrélation étroite, il y a une offuscation du medium. Mais cela n'empêche que la fréquence vibratoire soit, elle, bien imposée du dehors et d'ailleurs, plus la transmission est bonne (plus elle est transparente), plus les propriétés de la vibration sont déterminées du dehors. Si le medium est bleu, par exemple, alors la fréquence sera déjà plus fortement déterminée par le medium que si celui-ci était parfaitement transparent.

En outre, les ondes présentes à deux endroits voisins du medium sont également et en majorité indépendantes l'une de l'autre. Quand un rayon rouge traverse le medium, cela ne veut pas dire pour autant que le rayon voisin sera rouge à son tour; la longueur des ondes et les autres déterminations ne sont pas interdépendantes ou alors dans une moindre mesure. Dans le medium aussi, il y a bien sûr des dépendances : ce qui se produit à un endroit précis dépend de ce qui s'était produit avant à proximité. C'est d'ailleurs grâce à ce genre de dépendance que le medium est capable de transmettre des impulsions. Il serait intéressant de comparer ce genre de dépendance avec la dépendance que l'on trouve dans la chose, dans les unités. Mais laissons cela pour l'instant. Sans doute vaudrait-il mieux d'ailleurs, à cette fin, de s'armer des méthodes de la physique mathématique.

Passons donc plutôt à l'analyse des phénomènes ondulatoires dans la chose. Dans quelle mesure s'agit-il ici d'une unité distincte? En ce qui concerne la succession en un point : pour l'espacement des vibrations, il en va comme du medium. Le fait que l'éclairage cesse ne nous apprend rien sur l'objet – l'énergie doit toujours être acheminée du dehors. En revanche, la manière de vibrer ainsi que la fréquence sont, elles, bien caractéristiques de la chose. On peut toujours les influencer grâce à différents éclairages, mais jamais aussi parfaitement que dans le medium. Quel que soit l'éclairage que l'on choisira : le vermillon ne ressemblera jamais à du vert pomme.

Ce qui est crucial, c'est qu'à un point précis de l'objet, l'ordonnancement des rayons et de leurs directions se voit modifié. Tous ces rayons provenant de toutes parts sont absorbés afin d'entretenir la vibration de l'objet. Les rayons ne peuvent pas traverser en toute indépendance ce point de l'objet. Dans le cas du miroir, c'est possible. Bien que la direction soit modifiée, toutes les directions sont infléchies de la même façon, de sorte que l'ordonnancement général de rayons est à peu près maintenu. A chaque endroit, il y a une multiplicité de rayons aux trajectoires variées et leur composition est imposée du dehors. Pour un objet non-réfléchissant, il importe peu comment les rayons arrivent, à condition que le point reçoive suffisamment d'énergie pour effectuer son auto-vibration. La différence entre un objet coloré et un verre coloré est analogue. Un plan de verre parallèle coloré possède un effet filtrant. Seul un certain type de rayons filtrera, tout en restant inchangé. Dans l'objet coloré, les directions se voient toutes mélangées, si bien que les directions des nouveaux rayons ne sont plus du tout corrélées aux anciens rayons.

Néanmoins, un objet solide n'a pas qu'un seul point coloré, mais de nombreux points colorés. Est-ce que tout le processus de l'ensemble des points est unitaire à son tour ? Non, il s'agit d'un processus multiple. Je peux éclairer chaque point singulièrement, et à travers différents éclairages, je peux imposer différents ordonnancements. D'ailleurs, qu'est-ce que l'on n'impose pas à l'écran blanc du cinéma! Mais nous voyons bien : c'est que c'est l'écran qui fait office de medium. Ce n'est pas l'écran que nous voyons, mais autre chose. Ce qui, à son tour, n'est possible que parce que les différents événements traversant l'écran sont indépendants les uns des autres. Cependant, un éclairage aussi désorganisé représente une exception. Bien que dans les différents points d'un objet solide, les ondes soient autonomes, elles sont toutefois unitaires, d'une façon ou d'une autre : tous ces points auto-vibrants sont rassemblés en unités. Les substrats des événements individuels forment une unité, aussi les vibrations sont autonomes les unes par rapport aux autres. Car quand le corps se meut, toutes les vibrations se déplacent selon un certain ordre. Une fois de plus, nous touchons au fait que ce sont surtout les points auto-vibrants qui forment une unité statique de parties indépendantes entre elles, que ce sont les choses qui effectuent des auto-vibrations et les médias des vibrations imposées.

Nous pourrons donc affirmer que ce n'est pas que le spectre lumineux provenant d'un seul point-source qui constitue une fausse unité, mais encore le spectre bien plus grand et complexe, provenant des nombreux points d'un solide. A première vue, on pourrait avoir des doutes : quel genre de régularité, quel genre d'ordre y a-t-il dans cette multiplicité? Puisque l'essence de la fausse unité consiste dans le fait que l'unité se compose d'une multiplicité d'unités sans lien. Or, vu du dehors, l'ordonnancement qui organise le spectre n'est bien sûr ni spatial ni temporel. Néanmoins, ces ondes lumineuses sont bien reliées d'une façon ou d'une autre, puisque leurs points le sont. Ces ondes lumineuses se présentent toujours ensemble, tout au plus modifiées par l'influence de l'éclairage, de la position, etc. Elles contiennent un ordre qui ne prend tout son sens qu'à partir d'un retour à la chose en question.

les ondes sonores

Dans le même ordre d'idées, que peut-on dire au sujet des ondes sonores ? Nous constatons qu'il arrive souvent que les choses servent de transmetteurs. Je peux fort bien écouter à travers un mur. Dans ce cas, le mur possède des qualités de medium : il transmet fidèlement les vibrations imposées par la source sonore. Voilà pourquoi tout l'événement est associé à la source sonore ou bien à ce qui se passe au niveau de la source sonore. Il n'y a que des modifications légères, dues à la transmission, par exemple quand ce que l'on entend à travers un mur apparaît comme en sourdine. La transmission peut produire l'offuscation ou de la mise en sourdine, mais il est fort improbable que la transmission crée de nouvelles fausses unités.

Il n'y a pas que les choses qui peuvent devenir des transmetteurs pour les vibrations sonores : l'air aussi, un medium – semble-t-il – peut effectuer des auto-vibrations. Le son d'un pipeau provient de la vibration de la colonne d'air. Et pourtant, ces vibrations ne sauraient être conçues comme des auto-vibrations de l'air, puisque ce genre d'auto-vibrations ne sont pas liées aux unités statiques de l'air, aux molécules. Il n'est pas propre à ces particules d'air de vibrer de telle façon singulière. Leur vibration n'est déterminée que par la forme de la colonne d'air et cette forme leur est imposée par le pipeau solide. Une fois de plus, la vibration n'est caractéristique que du corps solide, du pipeau.

la transmission olfactive

Jusqu'à présent, nous n'avons considéré que la perception à distance que rend possible la transmission ondulatoire. Or nous percevons également des choses distantes par le biais de l'odorat ; ici aussi, il y a des messagers, des petites particules atomisées dans l'air, qui font signe vers autre chose et qui sont des indications d'autre chose. Il est facile de démontrer qu'ici aussi, ces messagers ne peuvent accomplir leur mission de signalisation que parce qu'ils comparaissent en multitude et indépendamment les uns des autres. Une particule individuelle ou même plusieurs particules, mais reliées entre elles, ne peuvent rien dire (ou en tout cas pas grand-chose) au sujet de la proximité de ce corps dont elles viennent de se détacher. Par contre, si de nombreuses particules autonomes se trouvent dans un medium qui habituellement ne contient pas ce genre de particules, alors, elles renvoient à la proximité du corps en question. Une petite plume voltigeant dans l'air ne dit rien de la proximité de l'oiseau ni d'ailleurs plusieurs plumes collées les unes aux autres. Car la plume individuelle ou alors la touffe de plumes sont encore toujours une unité, même quand le vent les a emportées ailleurs. Il en va tout autrement quand de nombreuses plumes tombent dans un nuage épais. Plus elles s'éloignent de cette chose unitaire dont elles se sont détachées, plus elles se répartissent, puisque leurs chemins sont indépendants. Voilà pourquoi un nuage de plumes permet de déduire qu'il y a un animal à proximité.

C'est la raison pour laquelle l'odorat fonctionne d'autant mieux en plein air (*cf.* le flair du gibier), sans doute parce que c'est ici qu'il y a la plus grande indépendance des particules. Dès que les particules de diffusion sont enfermées dans une pièce, elles n'indiquent plus leur « cause » avec la même clarté. Plus un espace est fermé, plus longtemps une odeur se maintient, moins elle sera concluante pour identifier l'endroit de la cause. Le nuage de particules autonomes qui entoure le corps odorant, peut être comparé aux fausses unités du phénomène ondulatoire. Les particules se comportent comme si elles avaient été enchaînées les unes aux autres, comme si elles formaient une unité. Pourtant, elles sont indépendantes et leur agglutination en un seul endroit contredirait toutes les lois de la probabilité, si cette fausse unité n'était induite par une unité véritable : le corps odorant.

la chose tactile

De temps à autre, quelqu'un soutient que lorsqu'on situe les limites d'un corps là où celui-ci commence à agir sur ma perception tactile, on procède à une attribution purement arbitraire – pourquoi ces limites ne se situeraient pas là où il agit sur mon sens de la vue ou bien mon sens de l'ouïe ? En effet, l'être d'un corps consiste dans sa capacité d'agir sur quelque chose d'autre et, à ce titre, il continuerait d'agir à travers l'espace grâce aux rayons lumineux. Même ici, devant mon œil, il reste effectif. Si l'on considère que l'être équivaut à la puissance d'agir, c'est un tout autre concept-limite qui en résulte, qui diffère de celui que l'on trouve dans notre savoir intuitif et qui pourrait cependant nous être utile. Car la limite d'une unité, notre perception l'établit là où il y a une limite entre ces parties reliées selon la dépendance mentionnée plus haut des particules corporelles solides et ces autres parties qui ne dépendent plus *stricto sensu* des particules corporelles solides. D'ailleurs, cette limite, nous ne nous contentons pas de la palper : nous la voyons également, là-bas, et pas que quand elle est tout juste devant notre pupille. Par conséquent, l'œil localise conformément au sens du toucher.

Il ne faut donc pas oublier la différence entre l'effet immédiat et l'effet médiat. C'est l'unité chosique brute qui agit immédiatement sur le sens du toucher ; ce qui agit immédiatement, c'est ce qui relié, les particules qui forment l'unité solide. Ce qui agit sur l'œil, en revanche, n'est qu'une multitude atomisée, une fausse unité corrélée à l'unité émettrice qui, cependant, n'est rien du point de vue physique et ne peut produire d'effet au niveau des grands objets. Les rayons lumineux sont des messagers qui se sont détachés de l'unité-noyau et qui, si elles en ont gardé la caractéristique, suivent désormais des destins indépendants entre eux et indépendants de l'unité. Une chose n'est pas forcément effective partout où l'on observe des effets qui peuvent lui être corrélés, et il est donc tout à fait correct de ne pas étendre un corps à tous les endroits où il agit de façon médiate. La signification épistémologique du toucher provient du fait qu'ici, les unités-noyau des choses brutes agissent elles-mêmes, et non un transmetteur. Voilà la raison pour laquelle nous nous sentons pour ainsi dire toujours au plus près de la chose, chaque fois que nous la palpons.

la connaissance médiate

Ces cas simples de perception, nous les avons analysés comme des cas typiques d'une connaissance médiate et nous avons vu que l'objet de connaissance a toujours quelque chose d'unitaire, que cette connaissance relève d'une unité statique ou d'un processus homogène qui parle pour lui-même, un processus auto-engendré. La transmission quant à elle est souvent fort variée et son déroulement n'est pas fondé en lui-même, si bien que c'est tout naturellement que le transmetteur fait signe vers autre chose. Cette distinction, on ne la trouve pas qu'entre une chose et un medium. Parmi les choses aussi, on trouve la distinction entre des phénomènes-noyaux qui sont auto-engendrés et des phénomènes engendrés du dehors, relevant des répercussions d'un événement central. Ces répercussions peuvent toujours faire office de signes pour l'événement central : la terre que je vois en train d'être retournée par une taupe par exemple. Dans ce cas, la chose elle-même que nous percevons immédiatement sert également de transmetteur. De même, le son que nous entendons pourra devenir à son tour un transmetteur d'une autre chose plus éloignée encore. Ici aussi, par le biais des unités chosiques, nous percevons à travers toutes les répercussions, dans la mesure où les données à notre disposition nous le permettent. Par exemple quand dans un sous-bois le craquement d'une branche m'indique qu'un être vivant s'approche.

Il y a également les appareils de mesures physiques, comme le thermomètre, le baromètre, les instruments de mesure électriques, etc., qui représentent autant de transmetteurs assez fiables : grâce à eux, nous apprenons des choses fondamentales pour nous. Les appareils opèreront d'autant mieux comme transmetteurs que la position des particules, qui font signe vers autre chose, n'est pas déterminée du dedans. Dans un appareil indicateur, il faut qu'il y ait quelque chose de non fixé, quelque chose qui est capable de suivre les mouvements externes, en un mot : quelque chose de médial. Il va de soi que les appareils ne sont pas des médias au sens ordinaire transmettant tout simplement l'impulsion reçue – cela n'aurait pas grand intérêt. Ils ont au contraire une légalité propre : ils agissent en retour sur ce qui leur arrive, tout en le transposant, ils le transforment, et cette transformation est perceptible de façon assez fiable. C'est en raison de cette légalité propre qu'un appareil indicateur n'est plus un medium parfait, dès lors qu'il fait abstraction, dans l'impulsion, d'un certain nombre d'aspects et qu'il charrie ces modifications à travers la transposition, etc. Néanmoins, cette transposition doit se faire de manière parfaitement réglementée, ce qui veut dire que les modifications de l'indicateur doivent être parfaitement corrélées aux modifications de l'impulsion externe. Il s'agit là d'un principe de toute médiation, de toute transmission : les positions successives de l'indicateur ne dépendent pas d'une loi qui serait propre à celui-ci, elles sont induites du dehors.

la transmission par les traces

Quelque chose de statique peut tout à fait faire office de transmetteur : ce genre de transmission relève alors de ce que l'on appelle communément une trace. Les modifications de la position d'un corps solide, ou bien la modification au niveau d'une chose élastique sont des traces à travers lesquelles nous pouvons connaître l'événement qui les a causées. On peut faire valoir des réflexions semblables à celles que nous avons faites valoir précédemment : plus le medium sera libre à l'instant où la trace s'imprime en lui, plus la trace sera caractéristique. Le medium épousera d'autant mieux ce qui s'imprime. Quand dans la terre de limon, il y a des cailloux (avec tout ce que ceux-ci ont d'auto-déterminé et de solide), les traces de pas seront moins parlantes. En revanche, le substrat de la trace aura perdu son statut de medium et sera devenu un corps solide ; ce n'est qu'à cette condition que la trace devient durable. Le medium s'est alors durci et ne servira plus à aucune transmission. Or si la trace est à présent auto-déterminée et n'est plus modifiée au gré des influences externes (autrement, la trace s'effacerait), la forme qui la soutient désormais de l'intérieur est, dans son ensemble, déterminée du dehors. Le caractère dont elle fait preuve contre toute tentative d'influence extérieure lui a été imposé une fois pour toutes du dehors. C'est là le sens de toute « fixation », qu'il s'agisse d'une plaque photographique ou d'un dessin au charbon : une fois fondue, elle permet de cristalliser une masse plastique.

représentations

Quand on pétrit un bout de cire afin de lui donner une ressemblance avec un objet réel, il est envisageable que ce bout de cire émette effectivement les mêmes émanations ressemblantes que le prototype, et que nous reconnaissions ce prototype dans le bout de cire. Dans ce cas, la représentation consiste en une unité qui possède une ressemblance avec le prototype. Or une représentation véritable – une photographie par exemple – n'a rien de son prototype. Une photographie est un bout de papier rectangulaire avec des taches blanches et noires, mais elle peut représenter toutes sortes de choses. Avec la photographie, c'est donc tout autre chose qui émet un spectre d'émanations ressemblantes au prototype.

Les rayons lumineux émanant de la chose sont déterminés par sa forme, la qualité de sa surface et par l'éclairage. Lorsqu'on essaye de produire des copies des rayons lumineux à travers des formes appropriées, on approche d'une représentation plastique, d'une imitation formelle de l'original. Lorsqu'on produit ces représentations en mettant de côté aussi bien la question du format (on s'en tient à une surface plane) que celle de l'éclairage (on choisira un éclairage uniforme) pour ne travailler que la surface, on obtient ce que l'on appelle, au sens strict, une image. Lorsqu'on produit une image en mettant de côté l'influence du format et de la qualité de la surface – on choisira un mur blanc homogène –, mais en travaillant sur l'éclairage, on obtiendra une image projetée. Contrairement à la question du format, les questions de l'éclairage et de la qualité de la surface ne sont pas liées à une signification objective de la chose. Voilà pourquoi l'on peut très bien, en jouant sur ces deux conditions, modifier les rayons lumineux qui émanent d'un objet et les façonner de telle façon qu'ils imiteront la structure caractéristique d'un autre objet.

Lorsque la représentation est produite avec un appareil, le processus consiste fondamentalement dans le fait de laisser agir les émanations sur un objet de telle sorte qu'elles y laisseront des traces. Cette trace devra émettre des émanations à son tour qui ressembleront aux premières. Nous avons ainsi fixé les émanations : car le substrat des traces se durcit pour former un corps solide dont les parties ne sauraient être déplacées les unes par rapport aux autres et qui s'affirme comme quelque chose d'unitaire persistant à travers toutes les modifications. Il s'agit d'une fixation de fausses unités, une fixation d'une transmission. Ce qui est fixé n'est que la contiguïté fortuite des messagers indépendants qui ne respecte pas forcément le sens. Les particules de la plaque photosensible qui appartiennent à l'image unitaire ne sont pas qualifiées comme telles.

Grâce au phonographe, c'est une multiplicité de propagations, étendues dans le temps, qui se voit arrêtée. Au cours de l'enregistrement, chaque moment se verra attribuer au moins un point sur le tracé. Par ce genre de procédé, on transforme une multiplicité se déployant successivement dans le temps en une multiplicité de traces se déployant simultanément dans l'espace de façon autonome. Autonomes, ces traces le sont dans la mesure où sur le sillon du disque, chaque saillie doit être individuelle et ne doit pas influencer le tracé de la saillie suivante. Car une multiplicité déployée dans le temps ne peut être enregistrée d'un seul coup, et ne peut dès lors être transposée en une unité qui demeurerait constante à travers toutes les modifications extérieures. Pour devenir statique, la multiplicité doit s'organiser dans une simultanéité spatiale et être associée à une unité solide. Il y a bien sûr des unités chosiques statiques, des corps solides qui contiennent une succession et permettent de la reproduire infiniment, sans que la multiplicité spatiale corresponde point par point à la multiplicité temporelle. C'est par exemple le cas dans des corps auto-vibrants : il possède un mouvement qui lui est propre est qui peut être réactualisé à loisir. Précisons que c'est ce mouvement qui est unitaire, contrairement aux vibrations de l'aiguille du phonographe qui sont une multiplicité imposée du dehors, saillie par saillie. En revanche, il est en effet impossible de trouver des corps dont l'auto-vibration consisterait dans une pièce de musique par exemple et qu'il suffirait de toucher pour mettre en route la reproduction. C'est la raison pour laquelle, pour conserver une multiplicité temporelle, autrement dit pour lier un déroulement à un corps solide, il faut toujours maintenir cette liaison des multiplicités : pour pouvoir redéployer la multiplicité spatiale dans le temps, on a besoin tout d'abord de ramasser la contiguïté spatiale en une seule unité. Une unité représentée, dans le cas du phonographe, par une tête de lecture composé de l'aiguille et du diaphragme.

Dans le cas de la représentation cinématographique aussi, la succession temporelle est redisposée dans une contiguïté spatiale, tandis que le déroulement est archivé dans un corps solide. L'apparence externe du corps solide – dans ce cas : du film – est imposée par l'événement, par le déroulement de ce qui est signifié par les images. Inversement, on peut dérouler à nouveau cette multiplicité spatiale dans le temps et dans ce cas, c'est le mur du cinéma qui fera office d'unité, à l'instar de l'aiguille dans le cas du phonographe.

la transmission de la personnalité

Cette connaissance médiate est particulièrement développée et riche dans le cas de l'expression de la personnalité humaine. Toute personnalité rayonne d'émanations signifiantes et toute personnalité est entourée de tout un halo de traces et d'événements portant le seing unitaire de l'humain en question qui leur a été imposé. La plupart des personnes s'offrent tout entières dans ces signes que pourtant bien peu de gens sont capables de déchiffrer.

Il faudra comparer tous ces petits gestes de l'homme aux parties d'une fausse unité : les gestes sont indépendants les uns par rapport aux autres, de la même façon que les rayons qui émanent d'une source lumineuse sont indépendants les uns par rapport aux autres. Lorsque je soulève le bras, la suite des mouvements de mon bras n'en découle pas immédiatement et je suis libre de le soulever encore un peu plus ou de le laisser retomber; à un premier niveau, les mouvements singuliers sont donc indépendants les uns des autres. Et de même que les rayons lumineux ne doivent leur signification qu'à un retour à la source lumineuse unitaire, de même, on ne comprendra des gestes qu'en remontant à l'unité objective qui les fonde, à savoir tout à la fois la personne qui agit et le déroulement de ses événements psychiques. La chose se complique et se confond au fur et à mesure que la réalisation du geste opère un effet de retour sur le centre et que donc, à un second niveau, il y a bien une interdépendance entre les différents gestes. Pour autant, il ne s'agit pas d'une légalité propre à l'organe effectuant le geste en question. Les signes mimiques sont eux aussi d'autant plus riches que l'organe signifiant est déterminé par sa légalité propre. D'où toute l'importance du visage : il en va des médiations statiques – des traces – comme des médiations dynamiques. Des simples traces de pas jusqu'aux traces les plus élaborées, aux calligraphies ou à toutes sortes de créations artistiques et scientifiques, il y a d'innombrables médiations à travers lesquelles nous pouvons saisir l'essence d'une personne et de son agir. Prolonger cette réflexion sur le terrain des sciences humaines nous entraînerait trop loin. Nous ne ferons qu'indiquer ici la différence entre des personnalités pleines de caractère et déterminées, et les personnalités faibles qui se laissent déterminer par les autres.

l'appareil perceptif

Après avoir étudié la structure épistémique de l'objectif, du monde à connaître, nous pouvons à présent comprendre la signification de l'appareil perceptif des organismes. Commençons par nous interroger ce que nous pouvons dire à propos du processus physiologique que l'on associe au résultat final du processus perceptif. Ce qui est certain, c'est que, d'une façon ou d'une autre, le processus physiologique doit être couplé à l'impulsion externe, il doit faire suite au stimulus. Si tel n'est pas le cas, l'organisme vit dans un monde imaginaire. D'autre part, ce processus doit agir de façon unitaire, il doit être coordonné et doit se trouver globalement dans un rapport de causalité pour pouvoir être stimulé de toutes parts dans son ensemble (l'image de la table par exemple, que l'on doit pouvoir susciter aussi bien en tant qu'impression sensorielle qu'en tant qu'imagination). Pour pouvoir être suscité de toute part, le processus doit être unitaire ; plus il est multiple, plus il devient difficile de le susciter dans son ensemble – c'est là-dessus que repose la corrélation exacte des pluralités du medium avec les choses. Même là où en vérité la chose n'agit plus que par fausses unités, l'appareil perceptif lui confère à nouveau une unité d'effet. Grâce aux appareils sensoriels, ces fausses unités redeviennent de vraies unités qui agissent physiquement et ce, à l'échelle des grands objets.

De l'objet émanent les rayons lumineux, l'effet se diffracte en autant de singularités au cœur desquelles quelque chose relève de l'unité de la chose sans s'identifier pour autant à celle-ci. L'organisme collecte ces différents effets, en lui, ils se rassemblent à nouveau et redeviennent efficaces au niveau des grands objets, dès lors que l'organisme se met à se mouvoir d'une façon qui correspond à la chose perçue. Dans le medium, l'effet de la chose se tramait de façon latente, irréelle du point de vue physique, mais dans l'organisme, il refait surface et s'actualise, si bien que dans mon cerveau, il y a à nouveau quelque chose de physiquement unitaire, associé à la chose.

C'est grâce à ces appareils sensoriels logés dans la structure du monde que les choses arrivent à des effets bien plus caractéristiques. On serait tentés de dire que les choses deviennent bien plus réelles, dès que ce sont de nouveaux domaines d'efficacité qui s'ouvrent à elles. Prenons un couteau : de quelle façon est-ce que le couteau agit dans ses connexions habituelles? Il agit dans son ensemble, en tant qu'unité physique; il agit par sa lourdeur et même par sa forme : par l'angle d'incidence de sa lame, il coupe. Mais quand est-ce vraiment sa forme tout entière qui produit un effet caractéristique sur un autre corps? Quand est-ce que son contour ovale et étiré agit? On serait tenté de dire qu'il n'agit que dans l'organisme qui en reconnaît la forme.

la synthèse

Il y a donc de nombreux effets indépendants entre eux qui agissent sur les organes sensoriels de l'organisme. C'est à partir de ces effets que l'organisme aura pour tâche de cerner, tant bien que mal, de quels processus fondamentaux ils relèvent. C'est en cela que consiste la perception. On peut à présent songer à rapporter ces remarques aux idées sur l'opération perceptive qui sont devenues familières grâce à la psychophysiologie.

Les sensations, telles que la psychologie à l'ancienne l'entend, ainsi qu'Ernst Mach, Theodor Ziehen et d'autres, consiste dans l'action immédiate des propagations sur les organes sensoriels; elles correspondraient donc aux unités dont se compose la pluralité des médiations. D'où sa structure atomisée, dont nous comprenons à présent le sens : atomisé, cela veut dire que les parties sont indépendantes entre elles. Voilà qui est requis par l'indépendance réciproque des unités au sein du medium. Les rayons lumineux forment un faisceau atomisé. Si ces rayons formaient des unités plus solides, ils ne pourraient plus avoir le même effet de stimulus et de transmission. En une telle reconstruction des unités fondamentales à partir des propagations, voilà en quoi consiste la « synthèse des représentations à partir des sensations », la production de la *Gestalt*. C'est donc bien à partir d'un retour à la structure du monde extérieur que la nécessité d'une telle synthèse s'impose. Nous pouvons affirmer que tout être qui vise à connaître ce qui l'entoure à travers un medium, sera contraint à une telle synthèse. Et si nous voulions construire un appareil qui réagirait à des choses externes de façon coordonnée, nous devrions construire cet appareil de façon à ce qu'il ramène à nouveau à des unités ces pluralités des effets qui avaient émané de l'unité de la chose. En ce sens, la synthèse est donc déterminée par le monde extérieur et nous présumerons que ses lois spécifiques ne sauraient donc être intégralement dérivées du psychisme.

résonance

Dans le medium, les rayons vont dans tous les sens et l'effet des ondes provenant des différents points se superpose. Quand on place une plaque photographique devant un objet éclairé, celle-ci sera également exposée aux rayons lumineux. Aucune corrélation ne s'établit : parmi les rayons venant s'inscrire dans la plaque photographique, ceux qui proviennent d'une table sont certes différents de ceux qui proviennent d'une chaise, et pourtant, cette différence n'est pas relevée. Bien qu'un certain ordre des rayons règne au sein du medium, cet ordre demeure ineffectif du point de vue physique. Il en va tout autrement si devant la plaque, je place un carton avec un petit trou. A présent, il y aura des corrélations bien précises et la plaque sera éclairée en fonction d'objets spécifiques. L'ordre qui, latent, sommeille dans le medium, devient effectif du point de vue physique, et c'est aussi le premier pas vers une unification signifiante des effets traversant le medium. Une telle unification requiert en premier lieu d'isoler les singularités, afin que celles-ci puissent devenir effectives. Ce n'est que dans un second temps que la synthèse en unités signifiantes peut commencer. Ce sera alors le premier pas vers une réhabilitation des unités, puisque tout ce que le medium affiche comme différenciation interne, il le doit aux unités émettrices extérieures. La singularité que l'on peut détacher du désordre du processus doit correspondre à une unité chosique. Tel rayon déployant son efficace séparément dans le sténopé a été émis par une unité chosique. C'est alors la tâche de tous les appareils essentiellement mécaniques, situés au seuil des organes sensoriels, que d'analyser cette multiplicité, que ce soient les lentilles optiques comme la cornée ou le cristallin, les yeux multiples (dits « à facette ») des insectes ou bien la cochlée à colimaçon de l'oreille interne. Tous ces appareils ont ceci en commun avec les résonateurs mécaniques qu'ils filtrent les événements. Ils ne réagiront qu'à quelque chose de bien prédéfini, et toute perturbation, tout recouvrement sera écarté. C'est ainsi que dans la mêlée, on isolera les singularités. De même que les facettes de l'œil de l'insecte ne réagiront qu'à des rayons ayant un certain angle d'incidence, le point singulier sur l'écran du sténopé ne réagira qu'à certains rayons dirigés. La lentille est plus puissante encore, puisqu'elle ne se borne pas à écarter ce qui provient d'autres unités, mais qu'elle focalise également la multiplicité émanant de l'unité, procédant ainsi à un début de synthèse. Mais ce n'est bien sûr qu'un début. Car si la lentille restitue l'ordre des points photo-émetteurs, elle ne fournit pas encore de corrélations qui permettraient de rassembler ces points en unités. Sur l'écran du sténopé ou bien sur la rétine, tous les points se valent, ils sont atomisés.

appareils généraux et appareils spéciaux

Si le medium n'était pas homogène et que les rayons ne se propageaient pas selon un schéma général, un appareil unificateur aussi universel que la lentille serait impossible. On pourrait certes concevoir de construire un appareil qui rassemblerait les rayons émanant d'un point ; mais on devrait alors créer un appareil individuel pour chaque endroit dans l'espace. Or déjà au niveau de la lentille, on observe un dédoublement qui est de la plus grande importance : le rayon se dédouble en processus d'une part et en signification de l'autre. D'une façon ou d'une autre, les rayons « signifient » les points dont ils proviennent ; recomposés, ils redeviennent signifiants. Tout cela est analogue au rapport du physique au psychique. Le physique est le support du psychique : deux couches de rapports fonctionnels se superposent. Les propagations doivent être rassemblées en unités signifiantes et la modalité de ce rassemblement répond à la loi voulant que les propagations soient corrélées aux grands objets. Cependant, ce processus physiologique ne se résume pas à ce qu'il signifie, il possède des règles qui lui sont propres.

S'il y avait donc un appareil individuel pour chacune des synthèses de propagations, les lois de l'organisme en seraient comme éliminées et la tension entre ces deux couches ne se manifesterait jamais. Mais bien sûr, il faudrait un nombre incalculable d'appareils. Toutefois, il y a encore une autre façon de concevoir le rapport entre les deux couches, puisqu'il se pourrait que les règles présidant au support coïncident avec les règles présidant à son niveau signifiant. Compte tenu de ses lois internes, un appareil pourrait donner une réponse bien plus sensée aux différentes influences externes auxquelles il est soumis. Une modification au sein de la multiplicité des propagations – autrement dit : au sein des stimuli – n'aurait pas un autre effet parce que la cause ainsi modifiée mettrait en mouvement un appareil spécifiquement réglé sur elle, mais tout simplement parce que l'appareil réagit différemment.

Compte tenu du rapport entre les lois internes des propagations et du processus de réception, certaines corrélations sont donc requises pour que la restitution puisse avoir lieu. Or comme Max Wertheimer n'a eu cesse de le rappeler, on peut réaliser cette mise en corrélation de deux façons différentes : on peut par exemple attribuer à chaque point singulier un équivalent déterminé. Mais on peut aussi, en appliquant une loi modulable, corréler une multiplicité avec une autre. A ce compte, une série de causes sera rapportée, d'une façon ou d'une autre, à une série d'effets. Ou bien on aura un appareil spécial pour chaque cause (corrélation individuelle) ou bien un seul appareil modulable aura pour tâche de tout relier, et réagira donc différemment, selon la cause. Parmi ces appareils généraux, il y a la lentille, et nous avons déjà indiqué comment apprécier la part singulière que joue le mécanique dans son opération. Car contrairement à l'élaboration qui se fera ensuite au niveau du système nerveux, la lentille est rigide. Aucun besoin de se développer, aucun besoin de faire des expériences. Avec ces choses que l'on fabrique dans les ateliers optiques, avec ces lunettes, ces microscopes et autres télescopes, on peut même sensiblement améliorer notre capacité perceptive. Or tout cela est rendu possible, on l'a dit plus haut, par le fait que les rayons se propagent selon un schéma général. Bien qu'ils ne forment plus une unité physique, ils continuent malgré tout de former une unité spatiale externe. Dans le cas des fausses unités, dont les parties peuvent être rassemblées par quelques lois spatio-temporelles universelles (rythme), un appareil de synthèse mécanique rigide est envisageable. Il n'en va pas de même pour les fausses unités qui ne présentent aucune unité spatio-temporelle. C'est le cas par exemple des rayons lumineux émis par un corps. Certes, il y a là aussi des lois générales qui président à de telles multiplicités relevant d'une chose individuelle, mais il ne s'agit pas de formules trop rigides, plutôt de déroulements typiques. Plus la corrélation entre les combinaisons des propagations et le centre sera étroite, plus il sera improbable qu'il puisse y avoir des appareils physiologiques qui réagissent de façon signifiante à de nombreux stimuli. C'est d'ailleurs une des idées mises en avant par Köhler,[1] autrement dit qu'il y a des appareils physiologiques qui de par leur loi interne ne réagissent pas qu'à des stimuli spécifiques, mais à de nombreux stimuli.

les qualités sensibles

Idéalement, la reconstruction des unités préalables à partir de leurs émanations ressemblerait à peu à ceci : nous ouvrons les yeux et découvrons une pièce remplie d'objets, nous voyons toutes les unités essentielles de la sphère qui nous importe – la sphère des objets bruts – avec ses propriétés. Là-bas, nous voyons une table, nous voyons bien qu'elle est solide, mais qu'on peut aussi la déplacer tout entière, nous voyons qu'on peut y poser quelque chose, bref : par le truchement des rayons lumineux, l'essentiel de la chose nous est communiqué. Nous voyons l'unité et sa place au sein des relations et des fonctions possibles, mais mis à part cela, il n'y a rien dans la conscience, la médiation n'apparaît pas au niveau psychique. C'est à peu près ce qui se passe réellement. Mais pas tout à fait. Pour le résultat psychique, la manière dont le savoir objectif nous est transmis n'est pas indifférente. D'un point de vue psychique, les rayons lumineux et sonores qui servent de transmetteurs apparaissent sous forme de couleurs et de sons. Il n'y a pas que l'image des choses qui est influencée par la manière dont elle est transmise; il en va de même quand nous faisons de la transmission elle-même l'objet de notre appréhension. Nous pouvons faire en sorte qu'il devienne impossible de ramener les rayons à quelque unité chosique, et néanmoins, nous appréhenderons encore toujours ces rayons comme quelque chose de spécifique, nous

---

1. W. Köhler, *Die physischen Gestalten in Ruhe und im stationären Zustand*, Erlangen, Philosophische Akademie, 1920.

les reconnaissons. Quand bien même le transmetteur nous présentait des unités chosiques, nous pouvons faire abstraction de celles-ci (réduction). Nous n'allons pas essayer de résoudre la question, pourquoi la transmission se phénoménalise du point de vue psychique, mais nous nous pencherons plutôt sur une autre question : le transmetteur, ce qui agit donc immédiatement sur l'organe sensoriel, est appréhendé en tant que couleur, son, en tant que qualité sensible. Peut-on mettre en relation le caractère singulier de ces qualités sensorielles avec le rôle joué par les corrélats physiologiques dans la causation de la transmission ?

Ce qui caractérise les impressions sensorielles, c'est qu'elles sont unitaires d'une façon bien particulière, qui les distingue de l'unité d'une *Gestalt* par exemple. Le quantitatif est au premier plan, et ces impressions ont quelque chose de subjectif : une ondulation est perçue en tant que couleur, ou en tant que son. Qu'est-ce qui est donc essentiel, si nous partons de la structure physique ? Les ondulations agissent immédiatement sur l'organe sensoriel et elles agissent en tant qu'unités. On ne saurait dissocier la crête de l'onde de son creux, et les faire agir séparément. Ce sont les unités véritables dont se composent les effets multiples, les parties des fausses unités. Cela explique pourquoi d'un point de vue psychique, les ondes lumineuses se présentent en tant qu'unités si particulières.

Mais comment arrive-t-on de cette simplicité à la subjectivité ? Pour mieux comprendre cela, et pour parvenir à une meilleure compréhension de cette simplicité des impressions sensorielles, tentons de comparer l'image d'un mouvement « correctement » compris avec une qualité sensorielle qui nous donne à voir une fausse représentation (subjective) du mouvement. Mettons que je vois un point noir qui se déplace. Je peux saisir ce mouvement en tant qu'unité. Mais on a toutefois l'impression que cette unité est bien plus objective que le degré d'objectivité que présente une simple qualité sensorielle. L'objectivité consiste sans doute en ceci que les relations à d'autres faits objectifs sont en quelque sorte coprésents dans cette appréhension. Quand je vois que le point noir se déplace, je sais immédiatement qu'un tel déplacement n'est pas singulier, mais qu'il fait partie de l'ensemble de tous les déplacements. D'ailleurs, quand je percevrai le déplacement d'un grand nuage blanc, je saurai immédiatement que ce fait a quelque chose en commun avec le mouvement du point noir. Je localiserai donc cet événement parmi d'autres événements. Si je percevais ces deux mouvements comme deux qualités sensorielles distinctes, complètement différentes l'une de l'autre, comme la couleur ou le son par exemple, leur rapport réciproque serait complètement opaque pour moi.

Qu'est-ce qui distingue donc l'appréhension chosique d'une telle appréhension plutôt qualitative? Le mouvement d'un point peut avoir quelque chose d'unitaire. Pourtant, j'y aperçois plusieurs parties, qui correspondent à leur tour à quelque chose d'objectif, et je vois comment l'ensemble se construit à partir de ces parties. Je vois les différentes positions du point, et en tout cas, les différentes positions sont pour ainsi dire fondues dans un mouvement général. Dans le cas de la couleur, il n'en va pas de même, puisque je n'y reconnais plus aucune partie. Pour le corrélat physique, cela implique que dans le cas du mouvement du point, il y ait une corrélation individuelle. Il n'y a pas que le mouvement total qui engendre des effets; le mouvement des parties a lui aussi des effets corrélatifs.

Dans les deux cas, les procédés d'unification sont complètement différents. Dans la transformation des ondulations en stimulations nerveuses, il y a une unification d'ordre plutôt additif, comparable à l'addition de nombreux coups donnés à un objet inerte qui finiront par se transformer en un mouvement homogène. Le coup individuel se perd complètement dans l'effet général, et on serait bien en peine si l'on voulait isoler des corrélations partielles.

Dans le cas des mouvements des grands objets, le premier effet sur l'organe sensoriel est multiple, et de nombreux récepteurs nerveux sont stimulés – même si cela donne lieu à une interaction immédiate, celle-ci n'empêche pourtant pas une corrélation individuelle. Lorsqu'il pénètre l'organe sensoriel, le processus correspondant au mouvement est un événement imposé, composé de parties qui correspondent aux différents segments du mouvement perçu. Ce n'est qu'à partir de cette multiplicité à l'intérieur du système nerveux que l'on procède à l'unification, de sorte que la singularité est en quelque sorte préservée dans le produit final et c'est d'ailleurs ce qui permettra de comprendre comment l'ensemble s'est constitué à partir de ses parties. Cela permettra également d'expliquer pourquoi telle chose sera plus adéquatement perçue que telle autre. Quand chaque partie du tout correspond à quelque chose d'objectif, quand on saisit la constitution de la totalité à partir des parties, l'ensemble est appréhendé de façon plus correcte. On pourrait dire aussi que toutes les impressions relevant d'un ordre de grandeur qui demeure en dessous d'un certain seuil sont reçues en tant qu'unités, tandis que toutes les impressions qui se situent au-dessus de ce seuil provoqueront tout d'abord, au sein de l'organe sensoriel, un processus multiple, ce qui donne à l'organe la possibilité de procéder à une dissolution.

Par ailleurs, il y a aussi beaucoup d'objectivité dans les qualités sensorielles. En premier lieu, la lumière tire son accent, sa valeur d'exposition de sa fonction en tant que conditionnement ou milieu perceptif. La lumière a quelque chose de joyeux, de clair, de brillant, contrairement à toute cette obscurité confuse, ce déboussolement qui concerne l'impuissance, la difficulté à s'orienter. Certes, quelque chose de subjectif s'exprime ici, dès lors que c'est la valeur de la lumière pour l'organisme qui se manifeste ; mais cette valeur est comprise correctement, dans ce qu'elle a de non-subjectif. De manière intuitive, on saisit correctement toutes ces propriétés de la lumière dont l'ordre de grandeur se situe au-dessus du seuil de dissolution mentionné plus haut. Parmi ceux-ci, il y a la propagation linéaire, le rapport de la source lumineuse aux réflecteurs, etc. Nous ne prétendons pas, bien évidemment, que tout ceci est déjà saisi a priori, sans expérience, par l'enfant qui regarderait la lumière ; nous disons juste que de telles propriétés se retrouvent dans l'image que l'adulte se fait, à juste titre, du monde. Ce n'est qu'en dessous de ce seuil de dissolution que la micro-structure n'est plus correctement saisie. Or cette micro-structure est à peu près sans intérêt pour nous, car elle demeure toujours en dessous du seuil de l'ordre de grandeur qui nous concerne.

figure et fond

Une émanation isolée, un processus unitaire isolé, peuvent avoir différentes causes et on peut les corréler à plusieurs noyaux unitaires. Ce n'est que par la multiplicité d'émanations isolées – on l'a vu – que l'ensemble du processus finit par devenir univoque. S'il y en a trop peu, cela reste ambigu et polysémique. En outre, on peut interpréter ces émanations de différentes manières, dès lors qu'on peut en déduire, à bon escient, plusieurs processus centraux.

Comme exemple d'une telle polysémie, nous choisirons la différence entre figure et fond, amplement analysée par Edgar Rubin dans son étude. [1] Ainsi, je pourrai par exemple apercevoir

---

1. E. Rubin, *Visuell wahrgenommene Figuren. Studien in psychologischer Analyse*, Vol. I, Copenhague, Gyldendalske Boghandel, 1921. [N.d. T. : il s'agit de la traduction allemande de la thèse de psychologie soutenue par Rubin à Copenhague en 1915, *Synsoplevedefigurer* (« Figures visuellement perçues »)].

un point noir comme quelque chose qui serait posé sur un support ou bien comme un trou. Qu'en est-il de la relation objective entre les unités centrales et les émanations dans ces deux cas ? En toute rigueur, une figure, c'est un corps solide qui se glisse devant autre chose, tandis que le fond, c'est quelque chose qui n'a d'unité que par rapport à la figure ; c'est ce qui se tient derrière la figure, peu importe d'ailleurs s'il s'agit d'une pluralité d'objets ou d'un mur blanc. Tournons-nous à présent vers le processus respectif des rayons arrivant, derrière la lentille oculaire, jusqu'à la rétine. Il y a une coexistence de processus, parfaitement équivalents entre eux, alors même qu'ils donnent à voir tout à fait autre chose. Il n'y a guère de propriété spécifique qui caractériserait toutes les ondes émanant de la figure : c'est la position d'un rayon au sein du faisceau qui détermine sa signification, c'est le contexte élargi qui dissipe l'ambiguïté. De fait, il peut arriver qu'avec un changement de contexte, ce que tel ou tel rayon charrie bascule d'une signification à l'autre. Or si ce qui se transmet n'avait pas de valeur intrinsèque et que la signification n'était conférée que par le psychisme, on ne serait en présence – chaque fois qu'il y a une bascule de sens – que d'une succession ininterrompue de significations distinctes et l'on ne reconnaîtrait rien de permanent ; rien d'identique ne se maintiendrait à travers les mouvements psychiques. Car ce qui reste, ce n'est que la transmission. Maintenant, la transmission peut très bien avoir une valeur intrinsèque, telle ou telle couleur ou bien telle forme qui ne serait pas encore interprétée ou bien comme figure ou bien comme fond, et c'est d'ailleurs cette valeur intrinsèque qui nous autorise à parler d'une persistance dans le psychique, d'une polysémie véritable.

Dans la relation de la figure au fond, il y a donc déjà une signification chosique, et quand nous apercevons un point noir sur fond d'un papier blanc comme figure, cela implique que nous regardons l'ensemble à la manière d'une image. Il n'y a à peu près aucun ornement qui ne comporte pas une signification d'objet. Impossible par ailleurs de poser la question quant à ce qui se passerait si l'on interprétait les émanations en sens inverse. Cela reviendrait à se demander : que se passerait-il si l'on concevait un corps solide comme de l'air ou bien de l'air comme un corps solide ? Nous comprenons que figure et fond ne relèvent pas de ces dimensions qualitatives dont la valeur est moins évidente. En ce qui concerne les qualités, on peut aisément imaginer des permutations et se demander à quoi cela ressemblerait si tout rouge nous apparaissait bleu. En tant que qualités, le rouge et le bleu ne sont pas aussi strictement ancrées dans le système des choses que les corps solides, que la figure et le fond.

la transmission motrice

Quand tout à l'heure, nous évoquions le fait que l'on reconnaît la personnalité de quelqu'un à travers ses traits et ses mouvements expressifs, nous comparions les différentes impulsions motrices aux rayons lumineux émanant d'une source lumineuse. Nous avons vu à cette occasion que l'analogie n'est pas toujours valable ; néanmoins, elle nous permet de mettre au jour certains aspects de la transmission motrice. Le corps qui agit directement en retour sur les choses doit être, pour les impulsions d'action venant du cerveau, un transmetteur aussi parfait que possible. Nous savons ce que cela implique : l'interaction des différentes parties ne peut pas être soumise à une légalité interne ; elle doit suivre à la lettre ce que lui imposent les influences externes. Ainsi, la main représente le transmetteur d'action le plus parfait et en elle, nous reconnaissons ces qualités propres à la transmission. Cette transmission sera d'ailleurs d'autant plus réussie que les doigts agiront indépendamment les uns des autres et qu'ils seront mobiles. Si au lieu du doigt, il n'y avait qu'une plaque dont la forme, qui plus est, était entièrement définie du dedans, je serais dans l'incapacité de toucher quoi que ce soit. Parmi tous, c'est le pianiste ou l'accordeur qui enregistrent en premier quand la main perd ses qualités de medium. Quand elle est froide, elle manifeste un degré supérieur de légalité propre ; elle n'a plus la même ductilité lui permettant de transmettre les touches les plus infimes.

Mais il n'y a pas que le corps propre qui peut faire office de transmetteur d'action. Les outils, les machines, les appareils et même les humains peuvent transporter une impulsion venant de l'intérieur d'un agent jusqu'à l'endroit où l'action est censée se dérouler. Et de même que c'est à travers le medium que nous voyons la chose, c'est à travers les outils que nous agissons et que dans notre conscience, nous sommes tout de suite dans le vif de l'action, sans nous embarrasser de la façon dont la transmission nous transporte. Pour le chauffeur du véhicule, son activité ne consiste guère dans un mouvement rotatif du volant qu'il tourne bientôt par ci, bientôt par là ; en lui-même, l'effet immédiat du mouvement de ses mains n'a aucun sens, dès lors qu'il n'est qu'un transmetteur pour des effets ultérieurs que le chauffeur perçoit comme le vif de l'action, à savoir que son véhicule se dirige une fois tout droit, une fois à droite et ainsi de suite. Pourtant, cette sensation de pouvoir s'avancer volontairement jusque-là dépend constitutivement des propriétés du medium qui nous sont désormais bien connues, des propriétés que doit également posséder l'appareil de navigation. L'appareil doit obéir au moindre mouvement du doigt, il ne peut pas avoir de légalité propre, mais doit fonctionner par détermination extérieure. On peut donner d'autres exemples : quelqu'un qui écrit n'a pas l'impression de tracer des traits noirs sur une feuille blanche ; il objective une signification pensée ou sentie. Cette signification, il en fait quelque chose que l'on peut porter avec soi, bref, il en fait un objet du monde externe. Et quand le peintre applique sa peinture à l'huile sur la toile, il travaille, par le truchement de ces transmetteurs matériels, à l'intention de son tableau, quand bien même celui-ci ne consisterait qu'en une constellation chromatique.

Ainsi, l'organisme n'est pas immédiatement pris dans une réticulation d'effets induits, comme une chose que l'on déplacerait et qui déplace à son tour : l'organisme vit entre deux fausses unités de transmission multiple. L'organisme accueille par les sens ce que l'objet unitaire envoie comme multiplicité, synthétise de quelque façon cette multiplicité et agit en retour sur l'action chosique, à travers une multiplicité. Par cette nouvelle façon de coupler les effets, ce sont de nouvelles relations et de nouvelles connexions entre les choses qui émergent. Il peut arriver que dans un tas de pierreries colorées, l'on enlève toutes les pierres bleues et arrondies, afin de les réunir en un groupe : c'est quelque chose de très improbable, si ce n'était pour les relations causales qui étaient à l'œuvre ici. En revanche, tout cela est déjà beaucoup plus improbable quand c'est un être humain qui est en jeu. Il s'agit d'une émancipation par rapport aux déterminations physiques brutes, conditionnée par le couplage de deux fausses unités, du côté perceptif et du côté de l'action.

résumé

Le monde a-t-il une structure déterminante pour la connaissance? C'était là la question dont nous étions partis. Pour y répondre, nous avons analysé en premier lieu la perception à distance et nous avons constaté qu'il y a d'une part la transmission et de l'autre, ce qui est transmis. Il y a des noyaux, des unités dont le caractère statique ou dynamique est déterminé du dedans : ce sont les foyers de l'action, ses points nodaux. Autour de ces foyers, quelque chose s'agglutine qui est déterminé, dans ses formes comme dans ses procédés, du dehors. Ces points nodaux sont uniformes, tandis que tout ce qui est déterminé du dehors est généralement hétérogène et composé d'une multitude de petites parties indépendantes entre elles. Au-dessus de ces parties s'établissent parfois des unités apparentes, de fausses unités ; elles ne peuvent être expliquées que par le retour à une cause unitaire réelle. Nous avons observé une telle structuration au niveau des processus ondulatoires, par ailleurs cruciaux pour la transmission : dans les régions déterminées du dehors, le processus nous informe au sujet des noyaux auto-déterminés.

Un élément essentiel, c'est le fait que les foyers du processus ondulatoire correspondent aussi aux unités des grands objets. Etant donné que ces deux structures se superposent et que les points nodaux coïncident, le processus ondulatoire est inséré dans la sphère du monde qui importe pour nous : la sphère des grands objets. Plus précisément, cela implique donc que là où le regard ne rencontre pas de résistance, on peut aussi passer sa main. Là où pour notre œil, il y a « quelque chose », il y a également « quelque chose » au niveau des grands objets. Les ondes peuvent donc servir de transmetteurs pour la connaissance des grands objets. Or ce rapport entre ce qui transmet et ce qui est transmis – entre le transmetteur et son objet –, ce rapport vaut également pour le processus de transmission de la connaissance. La plupart du temps, il y a un événement-noyau qui est à la fois unitaire et auto-déterminé, et qui déclenche des propagations qui sont quant à elles multiples et atomisées. A travers ces propagations, à travers la trace, l'image, l'expression et l'écriture, nous accédons à la connaissance des unités sur lesquelles ces propagations reposent.

L'appareil perceptif a alors pour tâche de construire, à partir de cette multiplicité des propagations agissant sur les organes sensoriels, une image de cet événement-noyau. Nous avons nommé cela la synthèse des représentations à partir des sensations et nous aurons tenté d'expliquer la singularité des sensations à partir de leurs corrélats au sein des processus physiques. Enfin, nous aurons constaté qu'une telle médiation à travers une multiplicité hétérogène n'a pas lieu qu'au niveau de la perception, mais qu'il en va de même au niveau de l'action. Voilà pourquoi il faudra en conclure que tout processus organique est pris entre deux fausses unités.

table des matières

Au milieu des choses : une petite phénoménologie
des médias par Emmanuel Alloa 7

FRITZ HEIDER
CHOSE ET MEDIUM 35
    La perception à distance 36
    Problèmes de la perception à distance 37
    Causation et perception à distance 38
    Analyse naïve provisoire 40
    Corrélation 41
    L'événement et son substrat 43
    Auto-vibration et vibration imposée 44
    Les fausses unités 48
    Les processus médiaux en tant que signes 48
    L'ordre des signes 50
    Structure vitale 51
    Les unités 52
    Les propriétés d'ensemble 53
    Les parties et les ordres de grandeur 55
    Les choses à la surface de la Terre 58
    Ni chose ni medium 60
    Les processus médiaux sont insignifiants 61
    Les phénomènes ondulatoires 63

Les ondes lumineuses 64

Les ondes sonores 68

La transmission olfactive 68

La chose tactile 70

La connaissance médiate 71

La transmission par les traces 72

Représentations 73

La transmission de la personnalité 76

L'appareil perceptif 77

La synthèse 79

Résonance 80

Appareils généraux et appareils spéciaux 81

Les qualités sensibles 84

Figure et fond 88

La transmission motrice 90

Résumé 92

TABLE DES MATIÈRES 95

Dépôt légal : août 2017
IMPRIMÉ EN FRANCE

Achevé d'imprimer le 18 août 2017
sur les presses de l'imprimerie *La Source d'Or*
63039 Clermont-Ferrand
Imprimeur n° 19589N